48パターンだけですぐに話せる！

English Pela Pela Book
英語ペラペラブック

清水建二 [著]

ウィリアム・J・カリー [監修]

総合法令出版

はじめに

　海外旅行の行き帰りの機内で、たまたま隣に外国の人が座ったら、皆さんならどうしますか。あいさつも交わさず、沈黙を通しますか。あるいは、ニコッと微笑んで"Hello"と言ってあいさつだけしますか。旅の楽しみ方は色々あると思いますが、様々な人たちとの出会いも、旅を楽しくする上で、大きなものではないでしょうか。

　会話はよくキャッチボールに喩えられます。これは、会話を盛り上げる大きなポイント——相手から答えを引きだす質問ができるか、相手の質問に対してどのように応じることができるか——を示しています。それは英会話も同様です。ところが現実には、なかなか思うように会話は進まないものです。「相手が話していることがわかっているのに、返す言葉がなかなか口から出てこない」「相手の質問に対して、"Yes"や"No"と答えただけで会話の流れを止めてしまった」という悩みがつきものです。英会話でも話をうまく進めるためには、「話しかける力（質問力）」と「答える力（応答力）」を身につけることが重要なのです。

中学レベルの英語で、会話は十分

　本書の最大の特長は、「ムリ」なく「ムダ」なく知らず知らずのうちに、この「質問力」と「応答力」を身につけられるという点にあります。文法に関しては基本的には中学生レベルにとどめましたので、英語学習初級者でも抵抗なく取り組むことができます。語彙に関しては、ネイティブなら小さな子どもでも知っているような日常で頻繁に使われるものを厳選しました。学校などのテキストで出てくるような滅多に使われない味気ない単語は一切使っていません。全体を48のシーンに分け、「会話のきっかけ」になる役立つフレーズ"Useful Pattern"を見出し語としました。各シーンで頻繁に使われる表現もふんだんに取り入れました。

ノーマル＆２倍速ＣＤで、「英語脳」を手に入れる

　本書のもう１つの大きな特長は、全ての英文にノーマルスピードと２倍速スピードのＣＤを収録した点にあります。「なぜ、２倍速か？」という疑問に対しては、「インターチェンジ効果」が、その答えです。高速道路のインターチェンジから一般道路に降りると、実際のスピードよりもゆっくり運転しているように感じます。これは聴覚にも当てはまります。速いスピードの言葉を聴いていると、普通の速さの言葉がゆっくりと感じられ、理解するのが容易になるのです。速聴を繰り返すことによって、記憶力や集中力をアップさせながら頭の回転を良くし、様々な潜在能力を高めることができるということは、すでに脳科学の分野でも立証されています。

　本書のメソッド、つまり「Useful Pattern」の解説から始まり、「Exercise」→「One More Step」→「Dialog」の順にＣＤを聴きながら読み進めるだけで、幅広い会話力を身につけることができるのです（具体的な勉強方法に関しては、10ページを参照ください）。

　そうすれば、先ほど例に挙げた機内で外国の人と出会ったときも、May I ask where you're from?（どちらの出身だか聞いてもよろしいですか）と切り出して、会話のきっかけを作ることができます。相手がI'm from Australia.（オーストラリアの出身です）と返したら、Where in Australia are you from?（オーストラリアのどちらですか）とかAre you from Sydney?（シドニーですか）などと応じて、さらに会話を進めていくことができるのです。

　最後になりますが、本書を出版するに際し、今回の企画に多大なる関心を示していただき、監修を快諾していただいた我が尊敬する恩師である元上智大学学長のウィリアム・J・カリー神父にこの場を借りて深い感謝の意を表したいと思います。

2011年５月　清水建二

CONTENTS

はじめに　　2

たった４８パターンをマスターするだけで英語をどんどん話すことができます　　9

本書の構成と使い方　　10

Lesson 1　出身地のことをあれこれ話す

1. 出身地
どちらの出身ですか？
Where are you from?　　14

2. 地理
…で一番〜なものは何ですか？
What's the 〜（最上級）＋名詞 in …?　　18

3. 言語
〜では何語が話されますか？
What language is spoken in 〜?　　22

4. 人口と寿命
〜の人口はどれくらいですか？
What is the population of 〜?　　26

5. 産業と生産地
この〜はどこでつくられたものですか？
What make is this 〜?　　30

6. 料理
〜の主食は何ですか？
What is the staple food in 〜?　　34

7. スポーツ
〜で一番人気のあるスポーツは何ですか？
What is the most popular sport in 〜?　　38

8. 旅行・観光
〜に行ったことがありますか？
Have you ever been to 〜?　　42

Lesson 2　会社のことをあれこれ話す

9. 会社
どこにお勤めですか？
Where do you work?　　48

10. 職業、仕事
お仕事は何をしていますか？
What do you do for a living?　　52

11. アルバイト・パート
アルバイトをしていますか？
Do you work part time? 56

12. 通勤
通勤方法は何ですか？
How do you go to work? 60

Lesson 3 学校のことをあれこれ話す

13. 科目、時間割
好きな科目は何ですか？
What is your favorite subject? 66

14. 休み・放課後
学校のクラブに入っていますか？
Do you belong to any clubs at school? 70

15. 学校、学年
どちらの学校に通っていますか？
Where do you go to school? 74

16. 大学・専攻
専攻は何ですか？
What's your major? 78

Lesson 4 趣味のことをあれこれ話す

17. 趣味・レジャー
暇な時は何をしますか？
What do you do in your free time? 84

18. 読書
どんな本を読みますか？
What kind of books do you read? 88

19. 映画
どんな映画を観ますか？
What kind of movies do you watch? 92

20. 音楽
どんな音楽が好きですか？
What kind of music do you like? 96

21. テレビ
どんなテレビ番組を観ますか？
What kind of TV programs do you watch? 100

22. 遊園地
〜に乗らない？
Do you want to ride 〜 ? 104

23. 週末の過ごしかた
〜はどこかに行きましたか？
Did you go anywhere 〜
（過去の副詞）**？** 108

24. スポーツ
スポーツは何かしますか？
Do you play any sports? 112

25. 写真
写真を撮ってくれますか？
Could you take our picture?
116

26. 花、花言葉
好きな花は何ですか？
What is your favorite flower?
120

Lesson 5
家族
のことをあれこれ話す

27. 家族
何人家族ですか？
How many people are there in your family? 126

28. 夫婦・恋人
〜のどこが好きですか？
What do you like about 〜?
130

29. 容姿・性格
〜はどんな人ですか？
What is 〜 like? 134

30. ペット
ペットを飼っていますか？
Do you have a pet? 138

Lesson 6
天気や時間
のことをあれこれ話す

31. 日にち、曜日
今日は何日ですか？
What is today's date? 144

32. 時間
今何時ですか？
What time do you have? 148

33. 天気
今日の天気はどうですか？
How is the weather today?
152

34. 季節
好きな季節は何ですか？
What is your favorite season?
156

Lesson 7 日常生活のことをあれこれ話す

Lesson 8 予定や都合のことをあれこれ話す

35. 就寝・起床
普段は何時に起きますか？
What time do you usually get up?
162

36. 食事
普段は〜を何時に食べますか？
What time do you usually have 〜 ?
166

37. 習慣
日課は何ですか？
What's your routine? 170

38. おしゃれ・ファッション
美容院にはどれくらい行きますか？
How often do you go to a hair salon?
174

39. 値段・料金
日本では〜はいくらですか？
How much is 〜 in Japan?
178

40. 道案内
すみませんが、〜はどこですか？
Excuse me, but where's 〜 ?
182

41. 提案・勧誘
〜しませんか？
Would you like to 〜 ? 188

42. 時間・日時
いつ〜する予定ですか？
When are you 〜 ing? 192

43. 予定
〜は何をしますか？
What are you doing 〜 （未来の副詞）?
196

44. 結婚
いつ結婚の予定ですか？
When are you getting married?
200

45. 出産、赤ちゃん
出産予定はいつですか？
When are you expecting a baby?
204

Lesson 9 健康や体調のことをあれこれ話す

46. あいさつ
はじめまして
Nice to meet you.　210

47. 気づかい
どうしたのですか？
What's wrong?　214

48. 病気・怪我
今まで入院したことがありますか？
Have you ever been hospitalized?　218

- 装丁　a mole design Room
- 本文イラスト　石玉サコ
- 本文デザイン　土屋和泉

たった48パターンをマスターするだけで英語をどんどん話すことができます

英語での会話がはずまない…

本書によるトレーニングで英語脳にChange!

中学英語なのにネイティブともペラペラ話せる!

本書の構成と使い方

● Useful Pattern ●

そのシーンで役立つ、ぜひ知っておきたい "Useful Pattern" です

Exercise ("Useful Pattern" を使った例文) と "One More Step" (Useful Pattern 以外の、このシーンで使われる役立つフレーズ) を紹介しています

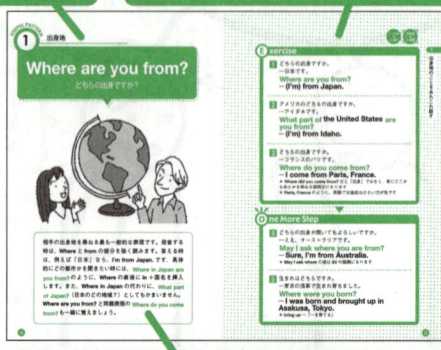

"Useful Pattern" のポイント、(話しかけられたときの) 応じかたや類似表現を紹介しています

CD の使い方

Step.1
ノーマルスピードのCDを聴きながら、英文と日本語訳を照らし合わせ、内容を理解しましょう

Step.2
ノーマルスピードのCDを繰り返し聴きながら、音読しましょう。そのとき、発音やイントネーションもチェック。日本語だけを見て、英語で言えるようになるのをめざしましょう

Step.3
暗唱できるようになったら、ひたすら倍速CDを繰り返し聴き、"Useful Pattern" をモノにしましょう

慣れてきたら…

"Useful Pattern" を参考にして、日本語⇒英語に訳してみよう⇒訳した英文を2倍速スピードでチェック。※聴き取れない場合は、ノーマルスピードやテキストでチェック

● Dialog ●

> ここでは、"Useful Pattern"を使ったやりとりが展開されています。
> テーマに応じて役立つ"Useful Pattern"を身につけてください。

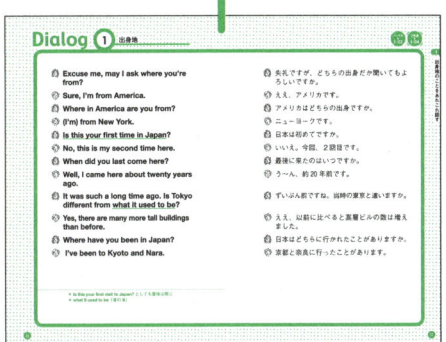

CDの使い方

Step.1
日本語訳は読まずに、ある程度の内容が理解できるまで、ノーマルスピードCDを繰り返し聴きましょう。全体的にどんな会話をしているのか、くらいの大まかな理解で構いません

Step.2
聴き取れなかった部分の英文と日本語をチェックしましょう

Step.3
再度、ノーマルスピードのCDで全体の細かい内容を理解できるまで繰り返し聴きます

Step.4
Step.2、3を終了後、2倍速CDを繰り返し聴きます

:::慣れてきたら…
このステップを、テキストを読まずに2倍速CDを繰り返し聴いて挑戦しましょう！ノーマルスピードが容易に聴き取れるようになります
:::

※この Dialog は会話の流れやリスニング力を付けることを目的にしているので、会話文全部を暗記する必要はありません。「これは使えそう」と思ったフレーズをチェックし、覚えるまで繰り返し音読しましょう

Lesson 1

出身地
のことをあれこれ話す

USEFUL PATTERN 1　出身地

Where are you from?
どちらの出身ですか？

相手の出身地を尋ねる最も一般的な表現です。発音する時は、**Where** と **from** の部分を強く読みます。答える時は、例えば「日本」なら、**I'm from Japan.** です。具体的にどの都市かを聞きたい時には、**Where in Japan are you from?** のように、**Where** の直後に **in** ＋国名を挿入します。また、**Where in Japan** の代わりに、**What part of Japan?**（日本のどの地域？）としてもかまいません。**Where are you from?** と同義表現の **Where do you come from?** も一緒に覚えましょう。

Exercise

1 どちらの出身ですか。
―日本です。
Where are you from?
― (I'm) from Japan.

2 アメリカのどちらの出身ですか。
―アイダホです。
What part of the United States are you from?
― (I'm) from Idaho.

3 どちらの出身ですか。
―フランスのパリです。
Where do you come from?
― I come from Paris, France.
* **Where did you come from?** だと「出身」ではなく、単にどこから来たかを尋ねる疑問文になります
* **Paris, France** のように、英語では地名は小さい方が先です

One More Step

4 どちらの出身か聞いてもよろしいですか。
―ええ、オーストラリアです。
May I ask where you are from?
― Sure, I'm from Australia.
* **May I ask where** の後は **SV** の語順になります

5 生まれはどちらですか。
―東京の浅草で生まれ育ちました。
Where were you born?
― I was born and brought up in Asakusa, Tokyo.
* **bring up** ～「～を育てる」

出身地のことをあれこれ話す

Dialog 1 出身地

- Excuse me, may I ask where you're from?
- Sure, I'm from America.
- Where in America are you from?
- (I'm) from New York.
- <u>Is this your first time in Japan</u>?
- No, this is my second time here.
- When did you last come here?
- Well, I came here about twenty years ago.
- It was such a long time ago. Is Tokyo different from <u>what it used to be</u>?
- Yes, there are many more tall buildings than before.
- Where have you been in Japan?
- I've been to Kyoto and Nara.

* Is this your first visit to Japan? としても意味は同じ
* what S used to be 「昔の S」

- 失礼ですが、どちらの出身だか聞いてもよろしいですか。
- ええ、アメリカです。
- アメリカのどちらの出身ですか。
- ニューヨークです。
- 日本は初めてですか。
- いいえ。今回、2回目です。
- 最後に来たのはいつですか。
- う〜ん、約20年前です。

- ずいぶん前ですね。当時の東京と違いますか。
- ええ、以前に比べると高層ビルの数は増えました。
- 日本はどちらに行かれたことがありますか。
- 京都と奈良に行ったことがあります。

USEFUL PATTERN 2　地理

What's the 〜（最上級）+ 名詞 in …?
…で一番〜なものは何ですか？

ある特定の地域で一番の物が何であるかを尋ねる疑問文の基本が **What is the 〜（最上級）＋名詞 in…?**（…で一番〜なものは何ですか）です。答える時は、例えば「台北の 101 のビル」なら、**It's 101 Building in Taipei.** です。また、疑問詞の **what** は **What is the capital of New Zealand?**（ニュージーランド首都はどこですか）のように、「どこ」の意味にもなりますので注意してください。電車に乗っていて、「次の駅はどこですか」と聞く時も、駅名を聞いているので **What is the next stop?** です。

Exercise

1 アルプスで一番高い山は何ですか。
―モンブランです。高さ 4810 メートルです。
What is the highest mountain in the Alps?
― It's Mont Blanc. The height is 4,810 meters.
＊「山脈」の名前には the を付けますが、「山」の名前には付けません

2 スイスで一番大きな都市はどこですか。
―首都はベルンですがチューリヒです。
What is the largest city in Switzerland?
― It's Zurich, though the capital is Berne.

3 世界で一番大きな砂漠はどこですか。
―サハラ砂漠です。アフリカの４分の１以上を占めています。
What is the largest desert in the world?
― The Sahara is. It occupies over a quarter of Africa.
＊砂漠の名前には the を付ける

One More Step

4 オーストラリアの首都はどこですか。
――一番大きい都市はシドニーですが、首都はキャンベラです。
What's the capital of Australia?
― It's Canberra, though the biggest city is Sydney.

5 ユタのソルトレイクの標高は何メートルですか。
―約 1300 メートルです。
What is the altitude of Salt Lake, Utah?
― It's about 1,300 meters.
＊「緯度」は latitude 　「経度」は longitude

出身地のことをあれこれ話す

Dialog 2 地理

- Are you from Africa?
- Yes, I'm from Kenya.
- What part of Africa is Kenya in?
- It lies across the equator in east-central Africa.
- Where in Kenya do you live?
- I live in Nairobi.
- That's the capital of Kenya, isn't it?
- Yes, that's right.
- Is it very hot in summer?
- No, it's not so hot, because the altitude is about 1,600 meters above sea level.
- Is it possible to see wild animals in Nairobi?
- Yes, you can see a variety of animals in the national park.

* equator「赤道」
* above sea level「標高、海抜」

1 出身地のことをあれこれ話す

- アフリカの出身ですか。
- はい、ケニアです。
- ケニアはアフリカのどこにありますか。
- 中東アフリカで赤道上にあります。

- ケニアのどちらにお住まいですか。
- ナイロビです。
- ケニアの首都ですね。
- はい、そうです。
- 夏はとても暑いですか。
- いいえ、そんなに暑くありません。標高が約1,600メートルですから。
- ナイロビでは野生動物が見られますか。
- ええ、国立公園でたくさんの種類の動物を見ることができます。

USEFUL PATTERN 3 言語

What language is spoken in ～ ?

～では何語が話されますか？

ある国で話されている言語が何であるかを尋ねる表現が **What language is spoken in ～ ?** です。**What language do they speak in ～ ?** と言ってもかまいません。また、2つ以上の言語が話されていることを前提に聞く場合は、**What languages are spoken in ～ ?** とか **What languages do they speak in ～ ?** です。答え方は、例えば英語なら、**English is (spoken there).** とか **They speak English there.** です。**How do you say… in ～ ?**（…は～語で何と言いますか）も必須表現です。

Exercise

1 オランダでは何語が話されますか。
―オランダ語です。
What language is spoken in Holland?
— Dutch is (spoken in Holland).
＊「オランダ」の正式名称は the Netherlands

2 スイスでは何語が話されますか。
―ドイツ語、フランス語、イタリア語です。
What languages are spoken in Switzerland?
— French, German, and Italian are (spoken there).
＊国名は Switzerland で、Swiss は形容詞で「スイスの」という意味

3 カナダでは英語の他に何語が話されますか。
―ある地域ではフランス語が話されます。
What language do they speak in Canada besides English?
— French is spoken in some areas.
＊ besides ～「～の他に」

One More Step

4 外国語は何か話しますか。
―はい、ロシア語と中国語を話します。
Do you speak any foreign languages?
— Yes, I speak Russian and Chinese.
＊「ロシア」は Russia、「中国」は China

5 イタリア語で「さようなら」は何と言いますか。
―親しい友だち同士では「チャオ」と言います。
How do you say "goodbye" in Italian?
— We say "Ciao" among close friends.
＊ How do you say ～ ? の代わりに What do you call ～ ? でも OK

1　出身地のことをあれこれ話す

Dialog 3 言語

- What language did you study in college?
- I studied English and Italian.
- Oh, did you? Can you speak Italian?
- Yes, just a little bit. I began to study it again six months ago.
- How do you study it?
- I go to a language school twice a week.
- Why are you studying so hard?
- Well, I have a lot of friends in Italy and I want to go to see them.
- Why do you have so many Italian friends?
- I got to know them while I was studying English in a language school in London.
- When are you going to visit them?
- I haven't decided yet, but maybe next summer.

- 大学時代に何語を勉強しましたか。
- 英語とイタリア語を勉強しました。
- ああ、そうなんですか。イタリア語を話せますか。
- はい、ちょっとだけ。6ヶ月前にまた勉強し始めました。
- どうやって勉強しているのですか。
- 週に2回、語学学校に通っています。

- 何でそんなに一生懸命勉強しているのですか。
- イタリアに友だちがたくさんいて、彼らに会いに行きたいからです。
- 何でそんなに多くのイタリア人の友だちがいるのですか。
- ロンドンの語学学校で勉強している時に知り合いになりました。
- いつ訪れるつもりですか。
- まだ決めていませんが、多分来年の夏だと思います。

人口と寿命

What is the population of 〜 ?
〜の人口はどれくらいですか？

ある国や都市の人口を尋ねる時の最も一般的な表現が、**What is the population of 〜 ?** です。他に **How large is the population of 〜 ?** も同じように使うことができますが、**How many** 〜とは言わないので注意してください。**the population** の部分に出生率 **(the birth rate)**、離婚率 **(the divorce rate)**、失業率 **(the unemployment rate)**、犯罪率 **(the crime rate)**、死亡率 **(the death rate)**、寿命 **(life expectancy)** などの語を入れて練習しましょう。

Exercise

1 ニューヨーク市の人口はどれくらいですか。
―約800万人です。
What is the population of New York City?
― It's about 8 million.
＊ New York City has a population of 8 million. と言っても OK

2 パキスタンの人口はどれくらいですか。
―1億6千万人です。中国、インド、アメリカ、インドネシア、ブラジルに次いで6番目です。
How large is the population of Pakistan?
―(It's) one hundred and sixty million. It ranks sixth after China, India, America, Indonesia, and Brazil.
＊ It ranks ～序数 after… 「…に次いで～番目である」

3 世界で最も人口の多い都市はどこですか。
―たぶん、インドのムンバイです。
What is the most populous city in the world?
― Maybe it's Mumbai in India.
＊「人口密度の高い国」は a densely populated country

One More Step

4 ロシアの平均寿命は何歳ですか。
―男女合わせて約66歳です。
What is the average life expectancy in Russia?
― It's about 66 years for both men and women.

5 オックスフォードとケンブリッジはどちらが大きいですか。
―人口の点ではオックスフォードの方が大きいです。
Which is bigger, Oxford or Cambridge?
― Oxford is bigger in terms of population.
＊ in terms of ～「～の点では」

出身地のことをあれこれ話す

Dialog 4 人口と寿命

- Who lives the longest in the world?
- The Japanese do.
- What is the average life expectancy in Japan?
- <u>As of</u> 2010, it's about 83 years for both men and women, <u>according to</u> the WHO.
- What about the United States?
- It's about 77 years.
- That's 6 years less than Japan's life expectancy.
- That's right. It may <u>have something to do with</u> their diet.
- I agree with you.
- What's the population of Japan?
- It's about 130,000,000 with the <u>aging population</u> increasing rapidly.
- What about the birth rate in Japan?
- It's 1.37, <u>among</u> the lowest in the world.

* as of ～ 「～現在」
* according to ～ 「～によると」
* have something to do with ～ 「～に関係がある」
* aging population 「高齢人口」
* among ～最上級で「最も～な中の1つ」の意味

1 出身地のことをあれこれ話す

- 世界で一番長生きするのはどこの国民ですか。
- 日本人です。
- 日本の平均寿命は何歳ですか。

- WHOによれば2010年現在、男女合わせて約83歳です。

- アメリカはどうですか。
- 約77歳です。
- 日本の平均寿命より6歳も低いですね。

- その通りです。食生活に何か関係があるかも知れません。
- 同感です。
- 日本の人口はどれくらいですか。
- 約1億3千万人ですが、高齢人口は急速に増えています。
- 日本の出生率はどれくらいですか。
- 1.37で、世界でも最も低い国の1つです。

5 産業と生産地

What make is this 〜?
この〜はどこでつくられたものですか？

ある製品や商品がどこの国や会社で製造されたかを尋ねる表現が、**What make is this 〜?** です。この表現は **What make of 〜 is this?** もしくは、**Where is this 〜 made?**（どこで製造されましたか）でも **OK** です。答え方は、例えば「スイス製」ならば、**It's a Swiss make.** や **It's made in Switzerland.** です。あるいは、「ロレックス」なら、**It's a Rolex.**「トヨタの自動車」なら、**It's a Toyota.** です。

Exercise

1 この自動車はどこのメーカーのですか。
―マツダの車です。
What make is this car?
― It's a Mazda.
＊メーカー名に a を付けると「〜社の製品」の意味に

2 これはどこで作られた携帯電話ですか。
―フィンランド製です。
What make of cell phone is this?
― It's a Finnish make.
＊ Finland（フィンランド）の形容詞は Finnish

3 このコンピュータはどこで製造されましたか。
―フィリピンです。
Where is this computer made?
― It's made in the Philippines.
＊複数形の国名には the を付ける　cf.the United States

One More Step

4 これらのマンゴーはどこで生産されましたか。
―インドです、今が食べ頃です。
Where are these mangoes grown?
― They are grown in India and ripe enough to eat.
＊ ripe「熟した」

5 ギリシャで主な産業は何ですか。
―観光産業です。年間 1200 万人くらいの観光客がギリシャを訪れます。
What's the main industry in Greece?
― It's tourism. About twelve million tourists visit Greece every year.

出身地のことをあれこれ話す

Dialog 5 産業と生産地

- Do you drive a car?
- Yes, but only on weekends.
- What make of car do you drive?
- I drive a Honda.
- What is the fuel consumption of your car?
- It's about 10 km per liter.
- How old is your car?
- It's nearly ten years old.
- Are you going to buy a new car?
- Yes, I think it's about time I bought one.
- What make of car are you going to buy next?
- Probably I'll buy another Honda.

* fuel consumption「燃費」
* it's about time S 動詞の過去形「もうそろそろ〜する頃である」

- 車を運転しますか。
- はい、でも週末だけです。
- どこの車に乗っていますか。
- ホンダです。
- 燃費はどれくらいですか。

- だいたいリッター10kmです。
- 買ってからどれくらいになりますか。
- もう10年近くになります。
- 新車を買う予定はありますか。
- ええ、そろそろ新しいのを買う頃かなと思っています。
- 次はどこの車を買うつもりですか。

- たぶん別のホンダの車を買うと思います。

USEFUL PATTERN 6 料理

What is the staple food in ～?
～の主食は何ですか？

各国の主食が何であるかを尋ねる表現が **What is the staple food in ～?** です。欧米では日本語で言う「主食 **(staple food)**」と「副食 **(side dish)**」という概念はあまり一般的ではありませんが、日本を含む多くのアジア諸国では明確に区別している国が多いようです。具体的に言えば、やはり、米 **(rice)** が断トツに多いと思いますが、その他にも、小麦 **(wheat)**、大麦 **(barely)**、ジャガイモ **(potatoes)** などがあります。**Have you ever tried ～?**（～を食べたことがありますか）も便利な表現です。

Exercise

1 スリランカの主食は何ですか。
―お米とカレーがスリランカの主な料理です。
What are the staple foods in Sri Lanka?
— Rice and curry are the main foods of Sri Lanka.
＊「カレーライス」は curry and rice で単数扱い

2 ペルーの主食は何ですか。
―ジャガイモ、お米、トウモロコシや豆などです。
What are the staple foods in Peru?
— They are potatoes, rice, corn, beans, and so on.

3 タイ料理を食べたことがありますか。
―はい、あります。辛い料理は大好きです。
Have you ever tried Thai food?
— Yes(, I have). I love spicy food.

One More Step

4 メキシコで一番代表的な料理は何ですか。
―タコスです。
What is the most typical Mexican food?
— Tacos are.

5 どんな種類の中国料理が一番好きですか。
―広東料理が一番好きです。好きな料理は点心です。
What kind of Chinese food do you like the best?
— I like Cantonese food the best. My favorite dish is dim sum.
＊ What kind of ～ do you like the best?「どんな種類の～が一番好きですか」

出身地のことをあれこれ話す

Dialog 6 料理

- What kind of food do you want to eat tonight?
- Well, let me see, I'm <u>in the mood for</u> ethnic food tonight.
- Have you ever tried Vietnamese food?
- No, I never have. What is the staple food in Vietnam?
- It's Pho noodle soup.
- What is it made from?
- It's made from rice.
- That sounds healthy.
- Then, <u>why don't we</u> go to the Vietnamese restaurant which opened near the station last week?
- Great!
- I'll reserve a table later. Let's leave the office at 6:30.
- All right.

* in the mood for ～「～の気分」
* Why don't we ～?「～しませんか」

1 出身地のことをあれこれ話す

- 今夜はどんな料理が食べたい？

- ええと、そうね、今夜はエスニック料理が食べたい気分ね。

- ベトナム料理を食べたことはある？

- いいえ、一度もないわ。ベトナムの主食は何かしら。

- フォーだよ。

- フォーの原料は何？

- お米だよ。

- ヘルシーな感じね。

- じゃあ、先週、駅の近くにオープンしたベトナム料理の店に行かない？

- いいわね。

- あとで予約しておくから。6時に会社を出よう。

- わかったわ。

USEFUL PATTERN 7 スポーツ

What is the most popular sport in 〜?

〜で一番人気のあるスポーツは何ですか？

それぞれの国で最も人気のあるスポーツを尋ねる表現が、**What is the most popular sport in 〜?** です。答え方は、例えば、サッカーであれば **It's soccer.** です。サッカー **(soccer)** はアメリカで使われる言葉で、イギリスやオーストラリアなどでは **football**（フットボール）と言います。またアメリカで **football** と言えば、アメリカンフットボールのことですから注意してください。

Exercise

1 世界で最も人気のあるスポーツは何ですか。
―言うまでもなく、サッカーです。
What is the most popular sport in the world?
― Needless to say, it's soccer.
＊ needless to say「言うまでもなく」

2 カナダで最も人気のあるスポーツは何ですか。
―断然、一番の人気スポーツはアイスホッケーです。
What is the most popular sport in Canada?
― By far, the most popular sport is ice hockey.
＊ by far「(最上級を強めて) 断然」

3 アメリカで2番目に人気があるスポーツは何ですか。
―バスケットボールだと思います。
What is the second most popular sport in America?
― I think it's basketball.

One More Step

4 インドの国技は何ですか
―公式にはホッケーですがクリケットが一番人気があります。
What is the national sport of India?
― Officially, it's hockey, but the most popular sport is cricket.
＊ cricket「クリケット」は、野球に似たイギリス発祥のスポーツ

5 日本ではサッカーと野球のどちらが人気がありますか。
―ハッキリわかりませんが野球だと思います。
Which is more popular in Japan, soccer or baseball?
― I don't know for sure, but I think baseball is more popular than soccer.

出身地のことをあれこれ話す

Dialog 7 スポーツ

- How often is the FIFA World Cup held?
- It's held once in four years, two years before and two years after a <u>leap year</u>.
- Where was the last World Cup held?
- (It was held) in South Africa.
- Who won the gold medal?
- Spain did.
- How about Japan?
- We entered <u>the second round</u> by defeating Denmark.
- Good for you! Who do you think was the best player?
- I think Honda Keisuke was.
- Do you know when and where the next World Cup will be held?
- Yes, it's <u>to be held</u> in Brazil in 2014.

---

* leap year「閏年」
* the second round「決勝トーナメント」
* be 動詞＋to 不定詞「～する予定である」既に決められた予定を表す

- サッカーのワールドカップは何年ごとに開催されますか。
- 4年に1度、閏年の2年前後に開催されます。

- この前のワールドカップはどこで開催されましたか。
- 南アフリカ共和国で行われました。
- 優勝チームはどこでしたか。
- スペインでした。
- 日本はどうでしたか。
- デンマークに勝って、決勝トーナメントに進出しました。
- よかったですね。一番活躍した選手は誰だと思いますか。
- 本田圭佑だと思います。
- 次のワールドカップはいつ、どこで開催されるか知っていますか。
- はい、2014年にブラジルで開催されます。

USEFUL PATTERN 8

旅行・観光

Have you ever been to 〜 ?
〜に行ったことがありますか？

「(今までに) 〜に行ったことがありますか」と尋ねる表現が、**Have you ever been to 〜 ?** です。答える時は単に、**Yes, I have.** とか **No, I haven't.** で終わらせず、**Yes** の場合でも **No** の場合でも必ず付加情報を示します。例えば **Yes** なら、**I have been there three times.**（3回行ったことがあります）、**I went there when I was a student.**（学生の頃行きました）。**No** ならば、**I'd like to go there some time.**（いつか行きたいですね）といった具合です。

Exercise

1
外国に行ったことがありますか。
—はい、韓国に2度行ったことがあります。
Have you ever been abroad?
— Yes. I've been to Korea twice.

2
外国に行ったことがありますか。
—いいえ、でもいつかハワイに行ってみたいと思っています。
Have you ever been to a foreign country?
— No, but I'd like to go to Hawaii some day.
* I'd like to ~ 「できれば~したい」は I would like to ~の短縮形

3
今まで訪れた所で一番の場所はどこですか。
—ミコノス島というギリシャの小さな島です。
What is the best place you've ever visited?
— It's a small island called Mykonos in Greece.
* the best place S has ever visited「S~が今まで訪れた中で1番の場所」

One More Step

4
パリのどこに行きましたか。
—ベルサイユ宮殿とノートルダム大聖堂に行きました。
Where did you go in Paris?
— (I went to) Versailles Palace and Notre Dame Cathedral.
* palace「宮殿」 cathedral「大聖堂」

5
パリでお勧めの場所を教えてくれますか。
—はい、エッフェル塔は必須です。
Can you tell me where I should go in Paris?
— Sure, the Eiffel Tower is a must.
* Can you tell me where の後は、SV の語順に注意

出身地のことをあれこれ話す

Dialog 8 旅行・観光

- How many countries have you visited?
- I've never counted the number of the countries I visited, but I think it reaches nearly 40 countries <u>at least</u>.
- Oh, you've visited so many countries! What country do you like the best?
- Well, I like Spain the best. I visit Spain <u>once every two years</u>.
- What do you like about Spain?
- I love Spanish people and food. I love <u>paella</u>. Have you ever tried it?
- No, I never have. What is it made of?
- It's mainly made of rice and saffron. The other <u>ingredients</u> are different kinds of meats, seafood, and vegetables.
- That sounds delicious.
- Why don't you come to my place this weekend? I'll prepare it for you.
- Really? I'd like to.

---

* at least「少なくとも」
* once every two years「2年に1度」
* paella「パエリア」
* ingredient「材料」

出身地のことをあれこれ話す

- 👩 今までに何カ国訪れましたか。

- 👩 今まで訪れた国の数を数えたことはありませんが、少なくとも40カ国近くはあると思います。

- 👩 まぁ、それは多いですね。一番好きな国はどこですか。

- 👩 そうですね、スペインです。2年に1度は訪れています。

- 👩 スペインのどこがいいですか。

- 👩 スペインの人々と食べ物です。パエリアが大好きです。食べたことありますか？

- 👩 いいえ、一度もありません。それは何でできていますか。

- 👩 主な材料は米とサフランです。その他の材料としては色々な種類の肉や魚介類や野菜です。

- 👩 美味しそう。

- 👩 週末に私の家に来ませんか。準備しますよ。

- 👩 本当ですか。行きたいです。

Lesson 2

会社
のことをあれこれ話す

USEFUL PATTERN 9 会社

Where do you work?
どこにお勤めですか？

相手の勤め先を尋ねる最も簡単な表現が **Where do you work?** です。**Who do you work for?**（直訳は"誰のために働いていますか"）という表現もよく使われます。答える時は、**I work for/at ～.** と応じます。単に会社の場所を尋ねるならば、**Where is your office (located)?** ですが、この場合、**office** を **company** にすることはできません。**company** は「組織」の意味なので場所の概念を伴いません。また、**Which department do you belong to?** のように、会社の中の部署を尋ねる表現も必須です。

Exercise

1 どこにお勤めですか。
―大阪の銀行に勤めています。
Where do you work?
― (I work) at a bank in Osaka.
* 雇用関係を強調するなら I work for a bank in Osaka.

2 どちらに勤めていますか。
―広告会社に勤めています。
Who do you work for?
― (I work for) an advertising company.

3 会社はどこにありますか。
―本社は京都ですが、東京にも支社はあります。
Where is your office located?
― Our main office is in Kyoto, but we also have branch offices in Tokyo.
* Where is the location of your office? と言っても OK

One More Step

4 どちらの部署に所属していますか。
―人事部です。
Which department do you belong to?
― (I belong to) the Personnel Dept.
* Dept. は Department の略語

5 開発部には何人いますか。
―だいたい 20 人です。
How many staff members are there in the Development Dept.?
― There are roughly 20 staff members.
* 「スタッフ」は staff members

2 会社のことをあれこれ話す

Dialog 9 会社

- Who do you work for?
- (I work for) a publishing company in Tokyo.
- How long have you been working there?
- About 20 years.
- Where is your office located?
- Our main office is <u>across from</u> the American <u>Embassy</u>, in Minato Ward of Tokyo.
- How many people are employed in your company?
- About five hundred.
- What a big company! What's the percentage of men and women?
- Two-thirds of the staff members are women.
- Do you have a branch office?
- Yes, we have one in Saitama.

* across from ~ 「~の向かい側に」
* embassy 「大使館」

2 会社のことをあれこれ話す

- 🧑 どちらに勤めていますか。
- 👩 東京の出版社に勤めています。

- 🧑 勤続何年ですか。
- 👩 約20年です。

- 🧑 会社はどちらにありますか。
- 👩 本社は東京港区にあるアメリカ大使館の向かいにあります。

- 🧑 会社の従業員は何人ですか。
- 👩 約500人です。

- 🧑 大きい会社ですね。男女の割合はどれくらいですか。
- 👩 3分の2が女性です。

- 🧑 支社はありますか。
- 👩 はい、埼玉県にあります。

USEFUL PATTERN 10 職業、仕事

What do you do for a living?
お仕事は何をしていますか？

相手の職業が何であるかを尋ねる最も一般的な表現が **What do you do (for a living)?** です。その他に **What kind of job do you have?** や **What line of business are you in?** もよく使われる表現です。答えは、例えば、サービス業であるなら、**I'm in the service industry** と応じます。また、**What is your occupation?** は、入国審査官や警察の職務質問のような「お堅い」表現ですから、普段はあまり使いません。

Exercise

1 お仕事は何をしていますか。
―公務員です。
What do you do?
― I'm a civil servant.
＊「公務員」は public servant とも言います

2 お仕事は何をしていますか。
―シェフです。東京でレストランを経営しています。
What do you do for a living?
― I'm a chef. I'm running a restaurant in Tokyo.
＊ chef は「コック長」の他に、単に「コック」の意味もあります

3 どんな仕事をしていますか。
―システムエンジニアです。
What kind of job do you have?
― (I'm) a systems engineer.
＊「システムエンジニア (systems engineer)」の systems の s に注意

One More Step

4 どんなお仕事をなさっていますか。
―アパレル業です。
What line of business are you in?
― (I'm) in the apparel industry.
＊「アパレル業」は clothing industry でも OK

5 職業は何ですか。
―会社員です。
What is your occupation?
― I'm an office worker.

Dialog 10 職業、仕事

- What do you do for a living?
- I'm an office clerk.
- What line of business are you in?
- I'm in the construction industry.
- What is your job in the office?
- (My job is) doing chores and answering phones.
- Are you satisfied with the job?
- No. I don't think it's challenging.
- Have you ever thought of changing jobs?
- Yes, but I don't have the courage to take action.
- Why don't you look for a job in which you can use your English skills?
- I still have no confidence in my English skills.

---

* construction industry「建設業」
* chores「雑用」
* challenging「やり甲斐のある」
* have the courage to ~「~する勇気がある」
* have no confidence in ~「~に自信がない」

- 😊 お仕事は何をしていますか。
- 🙂 事務員です。
- 😊 どんなお仕事ですか。
- 🙂 建設業です。
- 😊 会社でのあなたの仕事は何ですか。
- 🙂 雑用と電話の応対です。

- 😊 仕事に満足していますか。
- 🙂 いいえ、やり甲斐を感じていません。
- 😊 転職は考えたことはありますか。

- 🙂 はい、でも行動に起こす勇気がなくて。

- 😊 英語の能力を活かせる仕事を探したらどうですか。
- 🙂 英語にはまだ自信が持てません。

USEFUL PATTERN 11 アルバイト・パート

Do you work part time?
アルバイトをしていますか？

「アルバイト」に相当する英語は、**a part-time job.** です。「アルバイトをする」は **do a part-time job** と言ってもかまいませんが、一般的には **work part time** の方が頻繁に使われます。**Do you work part time?**（アルバイトをしていますか）と聞かれたら、**Yes, I work at a ～**（はい、～でしています）のように応じてください。雇用関係を重視した時は **I work for a ～ .** です。ちなみに、「正社員」は **a permanent employee**、「派遣社員」は **a temporary worker** です。

Exercise

1 アルバイトをしていますか。
　―はい、駅の近くのガソリンスタンドでしています。
Do you work part time?
― Yes, I work at a gas station near the station.
＊「ガソリンスタンド」は、イギリスでは petrol station

2 大学生の頃、アルバイトをしていましたか。
　―はい、塾で講師をしていました。
Did you work part time in college?
― Yes, I was a teacher at a cram school.
＊ cram school「塾」。詰め込み主義の学校の意味から

3 アルバイトは週どれくらいやっていますか。
　―月曜日と水曜日と金曜日です。
How often do you work part time a week?
― (I work) Mondays, Wednesdays, and Fridays.
＊ How often ～「どれくらい～しますか」は回数や頻度を尋ねる

One More Step

4 アルバイトをしたことがありますか。
　―はい、学生の頃、中華料理店でしていました。
Have you ever worked part time?
― Yes, I used to work part time at a Chinese restaurant when I was a student.
＊ used to ～「よく～した」過去の規則的な習慣を表す表現

5 時給はいくらですか。
　―時給は1200円です。
How much do you make an hour?
― I get 1,200 yen an hour.
＊「日給はいくらですか」なら How much do you make a day?

会社のことをあれこれ話す

Dialog 11 アルバイト・パート

- Do you work part time?
- Yes.(I work) at a coffee shop in the station.
- What's your job in the shop?
- I usually do the cooking in the kitchen, though I sometimes <u>wait on the customers</u>.
- When did you start working there?
- Just one month ago. Somehow, I'm <u>getting used to</u> it.
- That's good to hear. How much do you make an hour?
- (I get) 900 yen an hour.
- Are you satisfied with your <u>wage</u>?
- Not really, but my <u>coworkers</u> are all good people.
- How many hours do you work a week?
- (I work) 40 hours a week.

---

* wait on the customers「客の給仕をする」
* get used to ～「～に慣れる」
* wage「賃金」
* coworker「同僚」

- アルバイトをしていますか。
- はい、駅中の喫茶店でしています。

- どんな仕事ですか。
- ホールに出ることもありますが、普段はキッチンで調理をしています。

- いつから始めましたか。
- ちょうど1ヶ月になります。なんとか慣れてきました。
- それは良かったですね。時給はいくらですか。

- 時給900円です。
- 賃金に満足していますか。
- いや、あまり満足していません。でも同僚はみんないい人達です。
- 1週間に何時間働きますか。

- 1週間に40時間です。

USEFUL PATTERN 12　通勤

How do you go to work?

通勤方法は何ですか？

通勤方法を尋ねる最も簡単な表現が **How do you go to work?** です。**go** の代わりに **get** にすれば、満員電車に揺られて〝やっと〟たどり着く、**commute** にすれば、毎日毎日行き来すると言ったニュアンスです。答えは、例えば「電車」ならば、**by train** のように、前置詞の **by** ＋交通手段の形で表します。通勤時間を尋ねる **How long does it take to get to work?** や **How long is your journey from work?**（通勤時間はどれくらいですか）も必須表現です。

Exercise

1 普段の通勤方法は何ですか
　―電車で通勤しています。乗り換えが面倒です。
How do you usually get to work?
― (I get to work) by train. Changing trains is a chore.

2 駅までどうやって行きますか。
　―駅まで歩いて行きます。
How do you go to the station?
― I walk to the station.
* I go to the station on foot. と言っても OK

3 夕べはどうやって帰宅しましたか。
　―タクシーで帰りました。
How did you get home last night?
― I got home by taxi.
* home は「家に」という副詞なので get to home とは言いません

One More Step

4 家までどれくらいかかりましたか。
　―2時間以上かかりました。
How long did it take you to get home?
― It took me more than two hours to get home.
* It takes 人…（時間）to ～「人が～するのに…かかる」

5 通勤時間はどれくらいですか。
　―電車で1時間です。
How long is your journey from work?
― It's an hour train ride.
*ここでは journey は「旅行」の意味ではなく「移動」の意味

Dialog 12 通勤

- How do you commute to work?
- (I commute to work) by train.
- How do you get to the station from your house?
- By bicycle.
- That's good for the health. What happens when it rains?
- I take a bus to the station.
- How often does the bus run?
- It runs <u>every 10 minutes</u>.
- What time do you take the train?
- I take the 6:30 train to Shinjuku.
- What do you usually do on the commuter train?
- I usually read books.

---

* every 10 minutes「10分毎に」。「4年毎になら」every four years

2 会社のことをあれこれ話す

- 😊 通勤方法はなんですか。
- 😊 電車です。
- 😊 家から駅まではどうやって行きますか。
- 😊 自転車で行きます。
- 😊 健康に良いですね。雨が降ったらどうしますか。
- 😊 駅までバスに乗って行きます。
- 😊 バスは頻繁に出ていますか。
- 😊 10分毎に出ています。
- 😊 何時の電車に乗るのですか。
- 😊 6時30分の新宿行きに乗ります。
- 😊 通勤電車では何をしますか。
- 😊 本を読みます。

Lesson 3

学校
のことをあれこれ話す

USEFUL PATTERN 13 科目、時間割

What is your favorite subject?
好きな科目は何ですか？

好きな科目を尋ねる時の一般的な表現が **What is your favorite subject?** です。複数の科目を期待する時は、**What are your favorite subjects?** と言ってください。**subject(s)** の部分に他の単語を入れれば、様々な場面で役に立つ表現になります。答え方は、**My favorite subject is** ～とか **My favorite subjects are** ～です。また、得意な科目を尋ねたければ、**What subject are you good at?** です。

Exercise

1 好きな科目は何ですか。
―好きな科目は化学です。
What's your favorite subject?
— My favorite subject is chemistry.
* favorite は「1番好きな」の意味が含まれていて、most favorite subject とは言いません

2 学生の頃の好きな科目は何でしたか。
―好きな科目は体育でした。
What was your favorite subject in school?
— My favorite subject was P.E.
* P.E. は physical education の略語

3 あなたの得意な科目は何ですか。
―国語です。
What subject are you good at?
— (I'm good at) Japanese.
*「国語」は national language とは言いません

One More Step

4 地理と歴史のどちらが好きですか。
―歴史の方が好きです。
Which do you like better, geography or history?
— I like history better than geography.

5 月曜日の1時間目の授業は何ですか。
―家庭科の授業です。
What class do you have first period on Monday?
— We have home economics class.
* What class do you have ～序数 period?「～時間目は何ですか」

3 学校のことをあれこれ話す

Dialog 13 科目、時間割

- What time does school start?
- It starts at 8:40.
- How many classes do you have a day?
- We have six classes a day. Each class is 50 minutes.
- What time does school end?
- It ends at 3:30.
- Do you have school on Saturday?
- Yes. We have school <u>every other Saturday</u>.
- How many classes do you have on Saturday?
- We have four classes in the morning.
- Where do you eat lunch on Saturday?
- I <u>drop into</u> a restaurant on my way home.

* every other Saturday 「隔週の土曜日に」
* drop into ~ 「~に立ち寄る」

😊 学校は何時に始まりますか。
😊 8時40分からです。
😊 1日何時間授業ですか。

😊 1日6時間授業です。1コマ50分です。

😊 学校は何時に終わりますか。
😊 3時30分に終わります。
😊 土曜日に授業はありますか。
😊 はい、隔週の土曜日にあります。

😊 土曜日は何時間授業ですか。

😊 午前の4時間授業です。
😊 土曜の昼食はどこで食べますか。
😊 家に帰る途中、食堂に寄ります。

USEFUL PATTERN 14 休み・放課後

Do you belong to any clubs at school?

学校のクラブに入っていますか？

相手がどんな部活動に所属しているか、放課後にどんな活動をしているかを尋ねる便利な表現が **Do you belong to any clubs at school?** です。学生の頃に振り返ってみて、「部活動をしていましたか」なら **Did you belong to any clubs at school?** です。答えは、**I belong(ed) to the ~ club.**（~クラブに入っています・いました）です。**I was in the baseball club.**「野球部にいました」とか、**I was on the soccer team.**「サッカーチームにいました」もよく使います。

Exercise

1 学校のクラブに入っていますか。
—いいえ、でも地元のサッカーチームに入っています。
Do you belong to any clubs at school?
—No, I don't, but I'm on the local soccer team.

2 何かクラブに入っていましたか。
—はい、空手部に入っていました。
Did you belong to any clubs at school?
—Yes, I belonged to the karate club.

3 学生の頃は何部に入っていましたか。
—演劇部に入っていました。
What club did you belong to at school?
—I was in the drama club.

One More Step

4 学食でお昼ご飯を食べますか。
—いいえ、弁当を学校に持ってきて教室で食べます。
Do you eat lunch at the cafeteria?
—No, I bring lunch to school and eat it in the classroom.
＊学校や会社の「食堂」は、イギリスやオーストラリアなどでは canteen

5 放課後は何をするつもりですか。
—図書館で勉強するつもりです。
What are you going to do after school?
—I'm going to study in the library.

3 学校のことをあれこれ話す

Dialog 14 休み・放課後

- How long is the lunch break?
- It's 45 minutes.
- Where do you eat lunch?
- I usually eat lunch in the school cafeteria.
- What do you usually do after lunch?
- I usually play basketball with my classmates in the gym.
- What an active lunchtime! Do you belong to any clubs?
- Yes, I'm in the judo club.
- That's why you have such a good physique. How often do you practice judo a week?
- (I practice judo) every day, including weekends.
- When do you study?
- I always try to concentrate on studying in the evenings.

* have a good physique 「体格がいい」
* 「柔道をする」は practice judo か do judo
* including ~ 「~を含めて」
* concentrate on ~ 「~に集中する」

学校のことをあれこれ話す

- 昼休みはどれくらいですか。
- 45分間です。
- お昼ご飯はどこで食べますか。
- 普段は学食で食べます。

- 昼食後は何をしますか。
- 級友と体育館でバスケットボールをします。

- アクティブな昼休みですね。部活動に入っていますか。
- はい、柔道部に入っています。
- だから体格が良いのですね。1週間に何回練習をしますか。

- 週末も含めて毎日です。

- 勉強はいつするのですか。
- いつもは夜の勉強に集中するようにしています。

USEFUL PATTERN 15 学校、学年

Where do you go to school?

どちらの学校に通っていますか？

相手がどこの学校に通っているかを尋ねる時の最も一般的な表現が **Where do you go to school?** です。答えは、「東京の学校に通っています」とか「私立中学に通っています」とか「早稲田大学に通っています」など、様々な応じ方があります。**Where do you go to school?** の代わりに、**What school do you go to?** と言ってもいいでしょう。また、校風などの特徴を聞きたい時には **What is your school like?** と言ってください。**like** には前置詞として「〜のような」という意味があります。

Exercise

1 どちらの学校に通っていますか。
—埼玉の私立高校に通っています。
Where do you go to school?
— I go to a private high school in Saitama.

2 あなたの息子さんはどちらの学校に通っていますか。
—地元の公立高校に通っています。
Where does your son go to school?
— He goes to a local public high school.
＊イギリスの public school は、上流階級の子弟が行く全寮制の学校

3 どこの学校に通っていますか。
—川口高校の生徒です。
What school do you go to?
— I'm a student at Kawaguchi High School.
＊「〜の生徒」は a student of 〜とは言わない

One More Step

4 娘さんは何年生ですか。
—小学校5年生です。
What grade is your daughter in?
— She's in the fifth grade of an elementary school.
＊「小学校」はイギリスでは、a primary school

5 あなたの息子さんの高校はどんな学校ですか。
—伝統的な男子校です。
What is your son's high school like?
— It's a traditional boys' high school.
＊「女子校」は girls' school、「共学校」は coed school

Dialog 15 学校、学年

- Do you have any children?
- Yes, I have one daughter.
- Where does she go to school?
- She goes to a public high school in Saitama Prefecture.
- What's her school like?
- It's a traditional girls' high school.
- How old is it?
- They <u>celebrated</u> their <u>centennial anniversary</u> last year.
- What percentage of the students go on to college?
- Almost 100% of the students go on to college.
- What year is your daughter in?
- She's in the third year.
- So, she must be busy studying every day.
- Yes, she <u>burns the midnight oil</u> every night.

* celebrate「祝う」
* centennial anniversary「百年祭」
* burn the midnight oil「夜遅くまで勉強(仕事)する」

- お子さんはいらっしゃいますか。
- はい、娘が一人います。
- どの学校に通っていますか。
- 埼玉の県立高校に通っています。

- どんな高校ですか。
- 伝統的な女子校です。
- 創立何年ですか。
- 昨年百周年を祝いました。

- 生徒はどれくらいの率で大学に進みますか。

- ほぼ100％の生徒が大学に進みます。

- 娘さんは何年生ですか。
- 3年生です。
- じゃあ、毎日、勉強に忙しいでしょうね。
- ええ、毎晩遅くまで勉強しています。

16 大学・専攻

What's your major?
専攻は何ですか？

大学での専攻を尋ねる時の表現が **What's your major?** です。単に **What do you study at college?**（大学では何を勉強していますか）と聞いてもかまいません。**major** を動詞として使えば、**What do you major in at college?** ですが、大学院の専攻の場合は、**What do you specialize in?** や **What's your specialty?** と言わなくてはいけません。

Exercise

1 専攻は何ですか。
―専攻は経済学です。
What's your major?
― My major is economics.
＊I major in economics. でも OK です

2 大学で何を勉強していますか。
―物理学を勉強しています。
What do you study at college?
― I study physics (at college).
＊厳密には「単科大学」は college で、「総合大学」は university

3 大学では何を専攻していましたか。
―法学を専攻していました。
What did you major in at college?
― I majored in law.
＊My major was law. と言っても OK です

One More Step

4 どちらの大学に通っていますか。
―上智大学です。
Where do you go to university?
― I go to Sophia University.
＊What university do you go to? でも OK

5 どこの大学を卒業しましたか。
―慶応大学です。
What university did you graduate from?
― I graduated from Keio University.
＊graduate from ～「～を卒業する」 What university did you go to? でも OK

3　学校のことをあれこれ話す

Dialog 16 大学・専攻

- Where do you go to college?
- (I go to) a private college in Kyoto.
- What's your major?
- (My major is) biology.
- What's your college like?
- It's a college with a long history and tradition.
- What are you going to do after graduating from college?
- I'm going on to <u>graduate school</u>.
- Oh, what are you going to <u>specialize in</u>?
- I'm going to specialize in <u>gene technology</u>.
- You're <u>study-oriented</u>. What is your dream for the future?
- My dream for the future is to be a scientist.

---

* graduate school「大学院」
* specialize in ~「(大学院で) ~を専攻する」
* gene technology「遺伝子工学」
* study-oriented「研究志向の」

🧑 どこの大学に通っていますか。
👧 京都にある私立大学に通っています。
🧑 専攻は何ですか。
👧 専攻は生物学です。
🧑 どんな大学ですか。
👧 長い歴史と伝統のある大学です。

🧑 大学を卒業したらどうしますか。

👧 大学院には行くつもりです。
🧑 おお、何を専門にしますか。
👧 遺伝子工学を専攻するつもりです。

🧑 研究志向ですね。将来の夢は何ですか。

👧 将来の夢は科学者になることです。

Lesson 4

趣味
のことをあれこれ話す

USEFUL PATTERN 17 — 趣味・レジャー

What do you do in your free time?
暇な時は何をしますか？

余暇をどのように過ごすかを相手に尋ねる最も一般的な表現が **What do you do in your free time?** です。他の表現に、**Do you have any hobbies?**（趣味はありますか）や **What is your favorite pastime?** などがありますが、**What is your hobby?**（趣味は何ですか）は直接的な表現なので、小さな子供に使うのであればOKですが、大人同士で使うことは希です。

Exercise

1 暇な時は普段何をしますか。
―読書をします。
What do you usually do in your free time?
― I usually read books.
* 「暇な時は」は in your spare time でも when you are free でも OK

2 週末は普段何をしますか。
―晴れていたら普段は海に釣りに行きます。
What do you usually do on weekends?
― I usually go fishing in the sea when it is sunny.
* 「海に釣りに行く」は go fishing to the sea としないこと

3 好きな娯楽は何ですか。
―好きな娯楽は野球のテレビ観戦です。
What is your favorite pastime?
― (My favorite pastime is) watching baseball games on TV.
* pastime は「気晴らし」とか「娯楽」の意味

One More Step

4 趣味は何かありますか。
―はい、趣味は茶道と生け花です。
Do you have any hobbies?
― Yes, my hobbies are tea ceremony and flower arrangement.

5 ジャック、趣味は何ですか。
―趣味は模型飛行機作りです。
What's your hobby, Jack?
― My hobby is making model planes.

4 趣味のことをあれこれ話す

Dialog 17 趣味・レジャー

- What do you usually do on weekends?
- I go golfing in Gunma or in Tochigi.
- How rich you are! How do you get there?
- By car.
- How long does it take to get there?
- Well, it <u>depends on</u> the traffic, but it usually takes about an hour on the <u>expressway</u>.
- What happens when it rains?
- Well, I go to a <u>golf driving range</u> near my house.
- What is your average score for 18 holes?
- My average score is 90-100.
- How long have you been playing golf?
- About 30 years.

---

* depend on ~「~次第である」
* expressway「高速道路」
* golf driving range「打ちっ放し」

👩 週末は普段何をしますか。

👨 群馬か栃木にゴルフに行きます。

👩 ずいぶんリッチですね。どうやって行きますか。

👨 車です。

👩 時間はどれくらいかかりますか。

👨 そうですね、交通状態によりますが、普段は高速で約1時間です。

👩 雨の時はどうしますか。

👨 そうですね、家の近くの打ちっ放しに行きます。

👩 18ホールのアベレージはどれくらいですか。

👨 90~100 です。

👩 ゴルフ歴はどれくらいですか。

👨 約 30 年です。

USEFUL PATTERN 18 読書

What kind of books do you read?
どんな本を読みますか？

余暇の過ごし方で最も手軽で一般的なのは「読書」だと思います。どんなジャンルの本を読んでいるかを相手に尋ねるのが、**What kind of books do you read?** です。この他に、「好きな作家はいますか **(Do you have any favorite writers?)**」や「〜の本を読んだことがありますか **(Have you ever read 〜 ?)**」などの表現を覚えて、会話の幅を広げましょう。

Exercise

1 どんな本を読みますか。
―伝記を読むのが好きです。
What kind of books do you read?
―I like reading biographies.

2 本を読みますか。
―はい、ＳＦ小説が大好きです。
Do you read books?
―Yes, I love science fiction novels.

3 好きな作家はいますか。
―はい。アガサクリスティーが好きです。
Do you have any favorite writers?
―Yes, I like Agatha Christie.

One More Step

4 最近、何か面白い本を読みましたか。
―はい。村上春樹の最新作を読みました。
Have you read any interesting books recently?
―Yes. I read the latest book by Murakami Haruki.

5 英語の小説を原書で読んだことがありますか。
―はい、昔、「風と共に去りぬ」を読んだことがあります。
Have you ever read English novels in the original?
―Yes. I once read "Gone with the Wind".
* in the original「原書で、原文で」

Dialog 18 読書

- What is your favorite pastime?
- My favorite pastime is reading.
- What kind of books do you read?
- I read novels.
- Do you have any favorite novelists?
- Yes, I love Higashino Keigo.
- Have you read his book recently?
- Yes, I read "Paradox 13."
- What's it like?
- It's a really exciting science fiction novel.
- How many books do you read a month?
- More than 10 books.

- 好きな気晴らしはなんですか。
- 読書です。
- どんな本を読みますか。
- 小説を読みます。
- 好きな小説家はいますか。
- はい、東野圭吾さんが大好きです。
- 最近、彼の本を読みましたか。
- はい、「パラドックス13」を読みました。
- どんな本ですか。
- 本当にハラハラさせるSF小説です。

- 1ヶ月に何冊本を読みますか。

- 10冊以上は読みます。

USEFUL PATTERN 19 映画

What kind of movies do you watch?
どんな映画を観ますか？

今や映画館に行かなくても最新の映画を **DVD** などで楽しむことができるようになりました。相手の映画の趣味を尋ねる時に役に立つ表現が、**What kind of movies do you watch?** です。映画館で映画を観るのは **see the movie** と言い、**DVD** やテレビで映画を観る時は、**watch the movie** と使い分けましょう。**see** は意識しなくても自然に目に入って来るニュアンスで、**watch** は動きのあるものに目を動かすといったニュアンスです。

Exercise

1 どんな映画を観ますか。
― SF 映画をよく観ます。
What kind of movies do you watch?
― I often watch science fiction movies.
*イギリスで「映画」は film(s)

2 どんな映画が好きですか。
―ミステリーが大好きです。
What kind of movies do you like?
― I love mystery.

3 暇な時はいつも何をしますか。
―いつもはDVDで映画を観ます。
What do you usually do in your spare time?
― I usually watch movies on DVD.
* 「暇な時」は free time でも OK

One More Step

4 映画館によく映画を観に行きますか。
―はい、1ヶ月に2回は行きます。
Do you often go to the movies?
― Yes, (I go to the movies) at least twice a month.
* 「特定の映画を観に行く」なら go to the movie

5 あなたの好きな俳優は誰ですか。
―トム・クルーズが大好きです。
Who is your favorite actor?
― I love Tom Cruise.

4 趣味のことをあれこれ話す

Dialog 19

- What do you usually do in your spare time?
- I usually watch movies.
- What kind of movies do you watch?
- (I watch) any kind of movies.
- Do you often go to the movies?
- No, I usually watch movies on DVD.
- Who is your favorite actor?
- I love Johnny Depp.
- Have you seen any of his movies recently?
- Yes. I saw "Alice in Wonderland" in the theater.
- How did you like it?
- It was great!

🧑 暇な時はいつも何をしますか。

👩 いつもは映画を観ます。
🧑 どんな映画を観ますか。
👩 どんな映画でも観ます。
🧑 映画館によく行きますか。
👩 いいえ、いつもは DVD で観ます。
🧑 好きな俳優は誰ですか。
👩 ジョニーデップが大好きです。
🧑 最近彼の映画を何か観ましたか。

👩 はい。映画館で「アリス・イン・ワンダーランド」を観ました。
🧑 どうでしたか。
👩 素晴らしかったです。

USEFUL PATTERN 20 音楽

What kind of music do you like?
どんな音楽が好きですか？

相手の音楽の趣味を聞く表現は **What kind of music do you like?**（どんな音楽が好きですか）や **What is your favorite music.**（好きな音楽は何ですか）です。答え方は、ポップスなら、**I usually listen to pop music.**（いつもはポップスを聴きます）です。耳を澄ませて「聴く」が **listen** で、意識しなくとも自然に耳に入るのが **hear** です。ウォークマンで何かを聴いている人に「何を聴いているのですか」なら **What are you listening to?** で、答えは **I'm listening to ～.** です。

Exercise

1 どんな音楽を聴きますか。
―普段はクラックを聴きます。
What kind of music do you listen to?
―I usually listen to classical music.

2 どんな音楽が一番好きですか。
―ジャズが一番好きです。
What kind of music do you like the best?
―I like jazz the best.
＊the best の the は省略しても OK

3 あなたの好きな曲のジャンルは何ですか。
―ポップスです。
What is your favorite kind of music?
―I like pop music.

One More Step

4 ウォークマンで何を聴いていましたか。
―福山雅治です。
What were you listening to on your Walkman?
―I was listening to Fukuyama Masaharu.

5 誰かのファンクラブに入っていますか。
―はい。一青窈さんのファンクラブに入っています。
Are you a member of some artist's fan club?
―Yes, I'm a member of Hitoto Yo's fan club.
＊単数形の名詞に付く some は「ある」とか「何かの」の意味に

Dialog 20 音楽

- What do you usually do while you're commuting?
- I usually listen to the Walkman.
- What kind of music do you listen to?
- (I listen to) Japanese pop.
- Do you have any favorite singers or groups?
- Yes. I'm a big fan of Hitoto Yo.
- Are you a member of her fan club?
- Of course, yes.
- Which song do you like the best of her songs?
- Well, let me see. It's hard to choose only one.
- When is her next concert?
- It's in the middle of next month in Tokyo.

- 通勤中に普段何をしていますか。

- 普段はウォークマンを聴いています。
- どんな音楽を聴きますか。
- 日本のポップスを聴きます。
- 好きな歌手やグループはいますか。

- はい。一青窈さんの大ファンです。
- ファンクラブに入っていますか。
- もちろんです。
- どの歌が一番好きですか。

- そうですね、1つだけ選ぶのが難しいです。

- 次のコンサートはいつですか。
- 来月の中旬に東京であります。

USEFUL PATTERN 21 テレビ

What kind of TV programs do you watch?
どんなテレビ番組を観ますか？

家に居る時の最も手軽な余暇の過ごし方は何と言ってもテレビでしょう。どんなジャンルのテレビ番組を観るかを尋ねる疑問文が **What kind of TV programs do you usually watch?** です。答え方は **I usually watch 〜.** です。〜の部分に入る次の語句を覚えましょう。

天気予報／**weather report**　バラエティー／**variety show**
旅行番組／**travel program**　政治生番組／**live political debate**　音楽番組／**music program**　料理番組／**cooking program**　ワイドショー／**tabloid show**　ドラマ／**drama**

Exercise

1 普段どんなテレビ番組を観ますか。
―ニュースとクイズ番組を観ます。
What kind of TV programs do you usually watch?
―(I usually watch) news programs and quiz shows.

2 どんなテレビ番組が一番好きですか。
―お笑い番組が一番好きです。
What kind of TV programs do you like the best?
―I like stand-up comedy shows the best.

3 テレビをよく観ますか。
―はい。いつも夜のニュースを観ます。
Do you often watch TV?
―Yes, I always watch the evening news.

One More Step

4 今晩は何か面白い番組はありますか。
―はい、阪神・巨人戦があります。
Are there any interesting TV programs tonight?
―Yes, there's a baseball game, the Tigers vs. the Giants.
* A vs. B「A 対 B」vs. は versus の略語

5 今晩は何をやっていますか。
―沖縄に関する特別番組があります。
What's on TV tonight?
―There's a special program about Okinawa.

Dialog 21 テレビ

- Do you often watch TV?
- Yes. I always watch the evening news.
- Do you watch other TV programs,too?
- Yeah, I sometimes watch quiz shows and educational programs.
- Do you pay the NHK fee?
- Yes, of course, because I think it's our duty as Japanese citizens.
- What kind of TV do you have?
- Liquid crystal television.
- How large is it?
- It's a 50 inch screen TV.
- Wow, that's a big TV!
- I don't think it's big anymore, <u>now</u> <u>I've gotten</u> used to it.

* now+SV「もう〜なので」

- 👩 テレビをよく観ますか。
- 👦 はい。いつも夜のニュース番組を観ます。

- 👩 その他にもテレビ番組を観ますか。
- 👦 うん、時々クイズ番組と教育番組を観ます。

- 👩 NHKの受信料は払っていますか。
- 👦 はい、もちろんです。日本人の義務だと思っていますから。
- 👩 あなたのテレビはどんなタイプですか。
- 👦 液晶テレビです。
- 👩 大きさはどれくらいですか。
- 👦 50インチ型です。
- 👩 わあ、大きいテレビですね。
- 👦 もう慣れてしまったので、そんなに大きく感じません。

USEFUL PATTERN 22 遊園地

Do you want to ride 〜 ?
~に乗らない？

遊園地 (amusement park) やテーマパーク (theme park) には、様々なアトラクションやイベントがあります。そんな時に役に立つのが親しい者同士で使える **Do you want/like to 〜 ?** です。文字通りの意味は「〜したいですか」ですが、「〜しない？」と言ったニュアンスです。**What is your favorite attraction?**（好きなアトラクションは何ですか）や **What is your favorite character?**（好きなキャラクターは何ですか）も必須表現です。

Exercise

1 観覧車に乗らない？
―面白そう。
Do you want to ride the Ferris wheel?
― That sounds like fun.

2 ジェットコースターに乗らない？
―いいえ、高所恐怖ですから。
Do you want to ride the roller coaster?
― No, I have a fear of heights.

3 ディズニーランドとディズニーシーのどちらが好きですか。
―ディズニーシーが好きです。だってビールが飲めるから。
Which do you like better, Disneyland or Disney Sea?
― I like Disney Sea better, because I can drink a beer.

▼

One More Step

4 ディズニーランドで好きなアトラクションは何ですか。
―カリブの海賊です。
What is your favorite attraction at Disneyland?
― Pirates of the Caribbean.

5 ディズニーランドの好きなキャラクターは何ですか。
―ドナルドダックが大好きです。
What is your favorite Disney Character?
― I love Donald Duck.

Dialog 22 遊園地

- Have you ever been to Tokyo Disneyland?
- Yes, of course.
- Do you often go there?
- Yes. Four or five times a year.
- Who do you go there with?
- With my family.
- How do you get there?
- Usually by train.
- What is your favorite attraction?
- Peter Pan's Flight.
- How about Splash Mountain?
- Ah, I hate roller coasters.

- 東京ディズニーランドに行ったことがありますか。
- ええ、もちろんです。
- よく行くのですか。
- はい。1年に4・5回は行っています。
- 誰と行くのですか。
- 家族とです。
- どうやって行きますか。
- 普段は電車で行きます。
- 好きなアトラクションは何ですか。
- ピーターパン空の旅です。
- スプラッシュマウンテンはどうですか。
- えっ、ジェットコースターは苦手です。

USEFUL PATTERN 23

週末の過ごしかた

Did you go anywhere 〜（過去の副詞）?

〜はどこかに行きましたか？

週明けの月曜日に同僚や友人と会った時、最初に切り出す便利な表現が **Did you go anywhere?**（どこかに行きましたか）や **Where did you go?**（どこに行きましたか）です。答えは **I went to 〜** です。また、今週末の相手の予定を聞きたい時は、**Are you going anywhere this weekend?** です。すでに行く場所が決まっていれば、**I'm going to 〜** で、決めていなければ、**I haven't decided yet.**（まだ決めていません）と応じます。

Exercise

1 先週の日曜日はどこかに行きましたか。
―はい、夫と東京に買い物に行きました。
Did you go anywhere last Sunday?
― Yes, I went shopping in Tokyo with my husband.
＊「東京に買い物に行く」を go shopping to Tokyo としないこと

2 先週末はどこに行きましたか。
―1泊2日で韓国に行きました。
Where did you go last weekend?
― I took a two-day trip to Korea.
＊「2泊3日の旅行」なら a three-day trip

3 今週末はどこかに行く予定ですか。
―はい、日光へハイキングに行く予定です。
Are you going anywhere this weekend?
― Yes, we're going on a hike in Nikko.
＊「ハイキングに行く」は go hiking でも OK

One More Step

4 クリスマスはどのように過ごしましたか。
―ガールフレンドと横浜で過ごしました。
How did you spend Christmas?
― I spent it in Yokohama with my girlfriend.

5 台湾旅行はどうでしたか。
―とっても楽しかったです
How was your trip to Taiwan?
― It was great fun.
＊fun は数えられない名詞なので、a great fun としないこと

Dialog 23 週末の過ごしかた

- Do you have any plans for this weekend?
- No, (I have) nothing special.
- <u>How about going</u> fishing?
- That's great. Where are we going?
- Let's go to Lake Kawaguchi. Can you get up early in the morning?
- Yeah, if I go to bed early the previous night.
- Then, I'll <u>pick you up</u> at 3 a.m.
- All right. What are we fishing for?
- We're fishing for trout. We can grill trout and eat it by the lakeside.
- I love trout, but what happens if we can't get any?
- Don't worry. There's a nice restaurant where we can eat delicious trout dishes.
- I see. I'm looking forward to the weekend.

* How about 〜 ing?「〜しませんか」
* pick up 〜「車で迎えに行く」

- 今週末は何か予定はある？

- いいえ、特にないよ。
- 釣りに行かない？
- いいね、どこに行くの？
- 河口湖に行こう。朝は早く起きられる？

- うん、前日に早く寝れば大丈夫。

- じゃあ、朝の3時に迎えに行くね。
- わかった。何を釣るの？
- マス釣りよ。湖畔でマスを焼いて食べられるわよ。
- マスは大好きだけど、釣れなかったらどうするの？
- 心配しないで。美味しいマス料理を食べられる素敵なレストランがあるから。
- なるほど。週末を楽しみにしてるね。

USEFUL PATTERN 24　スポーツ

Do you play any sports?
スポーツは何かしますか？

スポーツ好きな人にとっては、**Do you play any sports?** と聞いてから、スポーツの話題で話の主導権を握りたいものです。相手が **Yes** と答えて来たら、**What sports do you play?** と聞いてください。例えば、**I play tennis.**（テニスをします）という答えが返って来たら、**How often do you play tennis?**（どれくらい頻繁にテニスをしますか）などと話を続けてみましょう。**What sport do you play?** と **sports** は単数形の **sport** としても **OK** です。

Exercise

1 スポーツは何かしますか。
　—はい、テニスをよくします。
Do you play any sports?
— Yes, I play tennis often.
＊ often の位置は play の直前でも OK

2 どんなスポーツをしますか。
　—野球をします。地元の野球チームに入っています。
What sports do you play?
— I play baseball. I'm on the local baseball team.

3 どんなスポーツが一番好きですか。
　—バスケットボールが一番好きです。
What sport do you like the best?
— I like basketball the best.

One More Step

4 1週間にどれくらいテニスをしますか。
　—ほぼ毎日します。
How often do you play tennis a week?
— I play tennis almost every day.

5 他にどんなスポーツをしますか。
　—時々ボーリングに行きます。
What other sports do you play?
— Once in a while, I go bowling.
＊ go ～ing「～に行く」

Dialog 24 スポーツ

- Do you play any sports?
- Yes, I play baseball.
- What position do you play in baseball?
- I <u>play third base</u>.
- Then, what is your batting order?
- I'm the fourth batter.
- That's great. Do you have any favorite teams?
- Yes, I'm a <u>fanatic</u> fan of the Giants.
- Who is your favorite baseball player?
- (My favorite baseball player is) Ichiro.
- Who is your favorite player in the Giants?
- I don't have any favorite players <u>in particular.</u>

---

* play third base「3塁を守る」、「センターを守る」なら play center field
* fanatic「熱狂的な」
* in particular「特別に」

- 🧑‍🦰 スポーツは何かしますか。
- 👨 はい、野球をします。
- 🧑‍🦰 ポジションはどこですか。
- 👨 3塁です。
- 🧑‍🦰 では、打順は何番ですか。
- 👨 4番です。
- 🧑‍🦰 すごいですね。好きなチームはありますか。

- 👨 はい、ジャイアンツの熱狂的なファンです。
- 🧑‍🦰 好きな選手は誰ですか。
- 👨 好きな選手はイチローです。
- 🧑‍🦰 ジャイアンツで好きな選手は誰ですか。
- 👨 特に好きな選手はいません。

USEFUL PATTERN 25 写真

Could you take our picture?

写真を撮ってくれますか？

旅行先で写真を撮ってもらう時の決まり文句が、**Could you take our picture?** です。**Could you ～ ?** は **Will you ～ ?** や **Can you ～ ?** よりも丁寧な表現です。答え方は **Sure.** や **Certainly.** です。さらに丁寧な表現が **Would you mind taking our picture?** ですが、この質問の内容は「写真を撮ることを気にしますか」なので、承諾する時は、**Of course not.** とか **Why not?** などと否定的に応じます。

Exercise

1 すみませんが、私たちの写真を撮ってくれますか。
―いいですよ。ハイ、チーズ。
Excuse me, could you take our picture?
― Sure, say "cheese."

2 もう一枚撮っていただけますか。目をつぶってしまいました。
―わかりました。
Could you take one more picture? I blinked.
― OK.

3 すみませんが、私の写真を撮っていただけますか。
―いいですよ。
Excuse me, would you mind taking my picture?
― Certainly not.
* Certainly not. は Why not. や Of course, not. でも OK

One More Step

4 私と一緒に写真に写ってくれますか。
―いいですよ、喜んで。
Could you stand with me for a picture?
― Sure, with pleasure.
* Could you take a picture with me? は「私と一緒に写真を撮る行為をしてくれますか」という意味なので妙な会話になってしまう

5 写真は人物を撮りますか、それとも風景ですか。
―風景写真を撮るのが好きです。
Do you take photos of people or scenery?
― I like taking photos of scenery.

Dialog 25 写真

- Excuse me, are you a Korean movie actor <u>by any chance</u>?
- No, I'm not.
- Oh, I'm sorry. You <u>look very similar to</u> my favorite actor. Can I take your picture?
- Sure.
- Say "cheese."
- Cheese.
- Could you stand with me for a picture this time?
- <u>I'd be happy to.</u>
- What do you say when taking a picture in Korea?
- We say "kimuchi" in Korea.
- Really? That's interesting. Can I take one more picture?
- Sure.
- Say, "kimuchi."

* by any chance「ひょっとしたら」
* look similar to ~「~に似ている」
* I'd be happy to.「喜んで」

🧑‍🦰 失礼ですがもしかしたら韓国の映画俳優ですか。

👨 いいえ、違います。

🧑‍🦰 ああ、すみません。私の好きな俳優さんによく似ていますね。写真を撮ってもいいですか。

👨 いいですよ。

🧑‍🦰 はい、チーズ。

👨 チーズ。

🧑‍🦰 今度は私と一緒に写ってくれますか。

👨 喜んで。

🧑‍🦰 韓国では写真を撮る時に何と言いますか。

👨 韓国では「キムチ」と言います。

🧑‍🦰 本当ですか。それは面白いですね。もう一枚撮ってもいいですか。

👨 いいですよ。

🧑‍🦰 はい、キムチ。

USEFUL PATTERN 26 　花、花言葉

What is your favorite flower?

好きな花は何ですか？

私たちの生活に彩りを与えてくれる「花」は、日常会話を豊かにする話題の一つです。相手がどんな花が好きであるかを予め知っておくことは会話をスムーズにさせる上で不可欠なことでしょう。**What's your favorite flower?** と **What are your favorite flowers?** の違いは、前者が答えを1つ要求しているのに対して、後者は複数の答えを期待するというニュアンスがありますので、後者で聞かれた時には、できるだけ2つ以上の花を答えてください。

Exercise

1 好きな花は何ですか。
―桜の花です。
What is your favorite flower?
— My favorite flower is the cherry blossom.
＊実のなる花は flower ではなく blossom

2 好きな花は何ですか。
―好きな花はハナミズキの花とパンジーです。
What are your favorite flowers?
— My favorite flowers are dogwood flowers and pansies.

3 どんな種類の花が一番好きですか。
―蘭が一番好きです。
What flowers do you like the best?
— I like orchids the best.
＊ orchid（オーキッド）の読み方に注意

One More Step

4 何色のパンジーが好きですか。
―ピンクのパンジーが好きです。
What color pansies do you like?
— I like pink pansies.

5 どんな花が庭にありますか。
―今の時期は藤とボタンです。
What kind of flowers do you have in your garden?
— I have wisteria flowers, and peonies at this time of year.

Dialog 26 花、花言葉

- Do you have any hobbies?
- Yes, I do gardening.
- What kind of flowers do you have in your garden?
- I have hyacinths and freesias at this time of year.
- What are your favorite flowers?
- My favorite flowers are primroses and tulips.
- Do you know what primroses mean in the language of flowers?
- No, I have no idea.
- It means first love or pure love.
- Really? How about tulips?
- It means broken heart.
- Really? What are your favorite flowers?
- My favorite flowers are cosmoses and hydrangeas.

---

* hyacinth「ヒアシンス」
* freesia「フリージア」
* primrose「桜草」
* the language of flowers「花言葉」
* cosmos「コスモス」   * hydrangea「アジサイ」

- 何か趣味はありますか。
- はい、ガーデニングをします。
- 庭にはどんな花がありますか。

- 今の時期はヒアシンスとフリージアがあります。
- どんな花が好きですか。
- 好きな花は桜草とチューリップです。

- 桜草の花言葉は何だか知っていますか。

- 全然わかりません。
- 初恋とか純愛です。
- 本当ですか。じゃあ、チューリップは何ですか。
- 失恋です。
- 本当ですか。あなたの好きな花は何ですか。
- コスモスとアジサイです。

4 趣味のことをあれこれ話す

Lesson 5

家族
のことをあれこれ話す

USEFUL PATTERN 27 家族

How many people are there in your family?

何人家族ですか？

相手の家族構成を聞く時の最も一般的な表現が **How many people are (there) in your family?** です。答えは、例えば5人なら、**There are five.** とか **We are a family of five.** などと応じます。その他の表現として、**How large is your family?** もあります。ちなみに、初歩の英語学習者がよく犯す間違いに、**How many families do you have?** というのがありますが、これは「あなたはいくつの家族を持っていますか」という意味ですから、一夫多妻制の国の人にしか使うことはできません。

Exercise

1 何人家族ですか。
―父、母、兄、姉と私の5人家族です。
How many people are there in your family?
― There are five; father, mother, brother, sister, and me.

2 何人家族ですか。
―8人家族です。祖父母も一緒に暮らしています。
How many people are in your family?
― We are a family of eight. My grandparents live with us.

3 何人家族ですか。
―4人家族です。
How large is your family?
― There are four people in my family.

▼

One More Step

4 お子さんはいらっしゃいますか。
―はい、3人います。
Do you have a family?
― Yes, I have three children.
＊family には「子ども」の意味もあります

5 ご家族はお元気ですか。
―みんな元気です。
How is your family?
― We're all fine.
＊イギリスでは How are your family? のように family は複数扱い

5 家族のことをあれこれ話す

Dialog 27 家族

- How many people are there in your family?
- We are a family of eleven.
- Oh, my! What a big family! How many sisters do you have?
- I have three sisters.
- Where do you come in your family?
- I'm the oldest of the four brothers.
- Do your grandparents live with you?
- Yes, they do.
- How old are they?
- My grandfather is 88, and my grandmother is 90.
- How are they?
- They are fine.

- 何人家族ですか。

- 11人家族です。
- おやまあ、大家族ですね。姉妹は何人いますか。
- 姉妹は3人です。
- あなたは何番目の子供ですか。
- 4人兄弟の長男です。
- おじいさんとおばあさんも一緒に暮らしているのですか。
- はい。
- 何歳ですか。
- 祖父は88歳、祖母は90歳です。

- お元気ですか。
- はい、とても元気です。

USEFUL PATTERN 28　夫婦・恋人

What do you like about 〜 ?
~のどこが好きですか？

夫や妻や恋人の良いところを尋ねる最も簡単な表現が **What do you like about 〜（人）?** です。この表現は人だけでなく、例えば、**What do you like about this movie?**（この映画のどこがいいのですか）のように、物や事柄についても聞くことができます。反対に、嫌なところを聞きたい時には、**What do you dislike about 〜 ?** です。

Exercise

1 彼女のどんなところがいいですか。
―そうですね、可愛くて思いやりがあるところです。
What do you like about your girlfriend?
― Well, she is cute and considerate.

---

2 奥さんのどんなところがいいですか。
―いい質問ですね。
What do you like about your wife?
― That's a good question!
＊「答えようがない」「返答に困った」時の常套句が That's a good question! です。

---

3 ご主人のどんなところが嫌ですか。
―酔った時に抑えが効かなくなるところです。
What do you dislike about your husband?
― He can't control himself when drunk.
＊ when と drunk の間に he is を補って考えます

One More Step

4 ご主人とはどのように知り合ったのですか。
―友人の紹介です。
How did you get to know your husband?
― Through my friend's introduction.
＊ get to know ～「～と知り合いになる」は come to know ～でも OK

---

5 結婚した時は何歳でしたか。
― 22 歳の時でした。そんなに早く結婚しなければよかったです。
How old were you when you got married?
― I was 22 years old. I shouldn't have got married so soon.
＊ shouldn't have ～過去分詞「～するんじゃなかった」

5　家族のことをあれこれ話す

Dialog 28 夫婦・恋人

- How long have you been married?
- Nearly twenty-five years.
- Are you celebrating your silver wedding anniversary this year?
- Yes, of course.
- Where did you go on your honeymoon?
- We went to Greece, visiting many islands in the Aegean Sea.
- What do you like about your husband?
- I like a lot of things about him. First of all, he has never broken a promise and he always does what he says.
- Do you share the housework with your husband?
- Yes. He does the cooking on weekends.
- Are you satisfied with married life?
- Of course, yes. Our married life is perfect.

- 結婚してからどれくらい経ちますか。
- そろそろ 25 年です。
- 今年、銀婚式は祝いますか。

- ええ、もちろんです。
- 新婚旅行はどこに行きましたか。

- ギリシャに行ってエーゲ海の島々をたくさん訪れました。
- ご主人のどんなところがいいですか。
- たくさんあります。まず始めに、約束は破ったことはないですし、いつも有言実行です。

- 家事をご主人と分担していますか。

- はい。週末は彼が料理を作ります。

- 結婚生活に満足していますか。
- ええ、もちろんです。結婚生活は申し分ありません。

USEFUL PATTERN 29 容姿・性格

What is ~ like?
~はどんな人ですか？

人がどんな性格でどんな容姿であるかを尋ねる最も一般的な表現が **What is S（人）like?** です。例えば、**What is your mother like?** と聞かれたら、「60歳で **(sixty years old)**、ちょっと太り気味で **(a little overweight)**、背が低く **(short)**、陽気な **(cheerful)** 性格です」などと応じます。容姿や外見のみを聞きたい時は **What does S look like?** です。一方、容姿ではなく性格だけを聞きたい時には **What is ~'s personality like?** です。

Exercise

1 お父さんはどんな人ですか。
―背が高く痩せています。
What is your father like?
― He's tall and thin.
＊「ほっそりとした」というほめ言葉は thin ではなく slim

2 お母さんの性格はどうですか。
―とても陽気で社交的です。
What is your mother's personality like?
― She's very cheerful and sociable.

3 お兄さんはどんな人ですか。
―歳の割に老けて見えます。
What does your big brother look like?
― He looks old for his age.
＊「歳の割に老けて見える」は He looks older than he really is. としても OK

One More Step

4 息子さんはどんなタイプの女性が好きですか。
―大人しくて控え目な女性が好きだと言っています。
What type of girls does your son like?
― He says he likes quiet, reserved girls.

5 あなたはお父さん似ですかお母さん似ですか。
―母親似だと言われます。
Do you take after your father or your mother?
― People say I take after my mother.
＊ take after ～「～に似る」年下の者が年上の者に似ている場合に使います

Dialog 29 容姿・性格

- Do you live with your parents?
- No. I live in an apartment by myself.
- Where is your hometown?
- I was born and brought up in Hokkaido.
- Do your parents still live there?
- Yes, they live in Sapporo.
- Does your father still work?
- Yes, he works for a trading company.
- How old is your father?
- He's <u>in his late fifties.</u>
- What's he like?
- He's old but very energetic.

＊ in one's late fifties「50歳代後半で」

- 👩 ご両親と暮らしていますか。
- 👦 いいえ。一人でアパート暮らしです。
- 👩 故郷はどちらですか。
- 👦 北海道で生まれ育ちました。
- 👩 ご両親はまだ北海道に住んでいますか。
- 👦 はい、札幌に住んでいます。
- 👩 お父さんはまだ働いていますか。
- 👦 はい、商社に勤めています。
- 👩 お父さんは何歳ですか。
- 👦 50歳代の後半です。
- 👩 どんな人ですか。
- 👦 歳は取っていますがとてもエネルギッシュです。

USEFUL PATTERN 30 ペット

Do you have a pet?
ペットを飼っていますか？

相手がペットを飼っているかどうかを尋ねる最も簡単な表現が **Do you have a pet?** です。複数のペットを飼っていることを前提に聞くならば、**Do you have any pets?** です。「(ペットを) 飼う」は **have** で、**keep** は使いません。**Do you keep a pet?** と質問されたネイティブは「檻の中に閉じこめられて身動きがとれない状態の動物」をイメージしてしまうからです。具体的にどんなペットを飼っているかを聞きたい時は **What kind of pet(s) do you have?** です。

Exercise

1 ペットは何か飼っていますか。
—はい。猫を２匹飼っています。
Do you have any pets?
— Yes. I have two cats.

2 ペットを飼っていますか。
—いいえ。私のマンションではペットは飼ってはいけないことになっています。
Do you have a pet?
— No. Pets are not allowed in my apartment.

3 どんな種類の猫と犬を飼っていますか。
—ペルシャ猫と雑種犬です。
What kind of cat and dog do you have?
— I have a Persian cat and a mongrel dog.

One More Step

4 どんなペットを飼いたいですか。
—豚を飼いたいです。
What kind of pet would you like to have?
— I'd like to have a pig.

5 その犬は何歳かしら。
—16歳です。人間の年齢で言うと80歳らしいです。
I wonder how old that dog is.
— She's 16 years old. I hear she's about 80 years old in human years.
＊動物は it で受けますが、ペットの場合は she や he で受けることも多いです

5 家族のことをあれこれ話す

Dialog 30 ペット

- Do you have a pet?
- Yes, I have a cat.
- What kind of cat is it?
- It's a Himalayan cat.
- Is it male or female?
- It's a female cat.
- How old is she?
- She's five years old.
- Is she spayed?
- Yes, she is.
- Are you a cat person or a dog person?
- I'm definitely a cat person.

- ペットを飼っていますか。
- はい、ネコを1匹飼っています。
- どんなネコですか。
- ヒマラヤンです。
- 雄ですか雌ですか。
- 雌です。
- 何歳ですか。
- 5歳です。
- 子どもを産めなくしていますか。
- はい。
- あなたはネコ派、それとも犬派ですか。
- もちろんネコ派です。

5 家族のことをあれこれ話す

Lesson 6

天気や時間
のことをあれこれ話す

USEFUL PATTERN 31 日にち、曜日

What is today's date?
今日は何日ですか？

What day of the month is it today? で「今日は月の何の日ですか」から「何月何日ですか」に、また、What day of the week is it today? なら「週の何の日ですか」から「何曜日ですか」の意味になります。ただし、これらの表現は冗長な感じですので、一般的に日付は What is today's date?、曜日は What day is it today? と言うことが多いようです。答えは、It's January 10th.（今日は1月10日です）とか It's Monday.（月曜日です）のように応じます。誕生日を聞くなら When is your birthday? です。

Exercise

1 今日は何日ですか。
— 11月19日です。今日は私の誕生日です。
What's today's date?
— It's November 19th. It's my birthday today.

2 今日は何日だったっけ？
— 6月5日だよ。私たちの結婚記念日よ。
I wonder what today's date is.
— It's June 5th. It's our wedding anniversary.
＊I wonder what の後は、SV の語順になります

3 今日は何曜日ですか。
— 水曜日ですよ。ピアノのレッスンに行かなくちゃね。
What day of the week is it today?
— It's Wednesday. You have to take a piano lesson.

One More Step

4 今日は何曜日だっけ？
— やっと金曜日だわ。アフターファイブに飲みに行こう。
I wonder what day it is today.
— Finally, it's Friday. Let's go out for a drink after work.

5 誕生日はいつですか。
— 12月23日です。
When is your birthday?
— It's December 23rd.
＊It's on December 23rd. とは言いません

Dialog 31 日にち、曜日

- When did you get married?
- Twenty years ago.
- Are you <u>getting along well with</u> her?
- Yes, I think so.
- Do you sometimes have a quarrel with her?
- Yes, but we <u>make up</u> after a while.
- When is your wife's birthday?
- It's April 12.
- How do you usually celebrate her birthday?
- We usually have a special dinner at a French restaurant near my house.
- Do you usually give her a present?
- Yes, I usually bring home a bunch of flowers.

* get along well with ～「～とうまくやっていく」
* make up「仲直りする」

- 結婚したのはいつですか。
- 20年前です。
- 彼女とうまくやっていますか。
- はい、そう思います。
- 時にはケンカをすることはありますか。

- はい、でもしばらくしたら仲直りします。
- 奥さんの誕生日はいつですか。
- 4月12日です。
- 彼女の誕生日は普段、どのように祝いますか。

- 普段は家の近くのフレンチレストランで特別な食事をします。
- 何かプレゼントをしますか。
- はい、花束を持って帰ります。

USEFUL PATTERN 32 　時間

What time do you have?
今何時ですか？

時間を聞く時の一般的な表現 **What time is it?**（何時ですか）は、直接的な表現なので大人同士ではあまり使いません。代わりに、**What time do you have?** や **Do you have the time?** などを使うようにしてください。答え方は2通りです。例えば「今5時30分」なら、**It's five thirty.** と言うか、「5時を半分過ぎた」の意味で、**It's half past five.** です。また、「今6時45分」なら、**It's six forty-five.** か「7時15分前」の意味で、**It's a quarter to seven.** と言います。

Exercise

1 今何時ですか。
—3時15分過ぎです。
What time do you have?
— It's a quarter past three.
* It's three fifteen. でも OK

2 今何時ですか。
—すみません、時計を持っていません。
Do you have the time?
— I'm sorry I don't have a watch.
* Do you have time? は「お時間ありますか」の意味になる

3 今何時かな。
—そろそろ 11 時です。
I wonder what time it is.
— It's almost eleven o'clock.

One More Step

4 今何時か教えてくれますか。
—はい、1 時をちょっと過ぎたところです。
Can you tell me the time?
— Sure, it's a little after one o'clock.

5 何時が都合いいですか。
—5 時以降ならいつでも OK です。
What time would be convenient for you?
— Any time after 5 would be OK.

天気や時間のことをあれこれ話す

Dialog 32 時間

- I wonder what time it is.
- It's almost nine o'clock.
- Oh, is it so late? I'm afraid I must be going now.
- So soon?
- I have to catch the first train tomorrow morning.
- Then, I'll <u>give you a ride</u> to the station.
- Don't bother. It's close to the station.
- It's dark outside, and it's started to rain.
- Well, if it's not too much trouble, I'll <u>take you up on that</u>.
- I guess you'll be able to catch the 9:20 train.
- I'll e-mail you as soon as I get home.
- OK. Let's go.

* give 人 a ride「人を車に乗せる」
* take you up on that「相手の申し出を受け入れる」

- 今何時かな。
- そろそろ９時よ。
- えっ、そんなに遅いの？もう行かなくちゃ。

- もう帰っちゃうの？
- 明日は始発の電車に乗らなくちゃいけないんだ。
- じゃあ、駅まで送るわ。
- いいよ。駅まで近いから。
- 外は暗いし、雨も降ってきたから。

- じゃあ、迷惑じゃなければお言葉に甘えて。

- ９時20分の電車に間に合うと思うわ。

- 家に着いたらすぐにメールするね。
- 了解。じゃあ行きましょう。

USEFUL PATTERN 33 天気

How is the weather today?
今日の天気はどうですか？

挨拶にもなる天気の話題は、会話のきっかけを作る重要な要素です。良い天気だったら、**Lovely weather, isn't it?**（良い天気ですね）と切り出して会話を始めましょう。返事は、**Yes, lovely weather.** と返してもいいし、その後に **It's a perfect day for picnicking.**（ピクニックにはうってつけの日です）などと応じれば、さらに会話が進みます。天気の様子を尋ねる表現 **(How is the weather today?)** と、それに応じる **It is rainy today.**（今日は雨です）のパターンは必須表現です。

Exercise

1 東京の今日の天気はどうですか。
―晴れです。空には雲一つありません。
How's the weather in Tokyo today?
― It's sunny. There's not a cloud in the sky.
＊ not と a で「1つも〜でない」という意味

2 今日の天気はどうですか。
―まだ雨が降っています。
What's the weather like today?
― It's still raining.

3 昨日の沖縄の天気はどうでしたか。
―1日中曇っていました。
How was the weather in Okinawa yesterday?
― It was cloudy all day.

One More Step

4 今日の天気予報を見ましたか。
―ええ、午後から雨の予報です。
Did you check today's weather forecast?
― Yes. They said it'll be rainy this afternoon.

5 雨が降りそうですね。
―ええ、傘を持って行った方がいいでしょう。
It looks like rain, doesn't it?
― Yes. I think you'd better take an umbrella with you.

Dialog 33 天気

- What nasty weather!
- Yes, it's been raining for three days.
- Has the rainy season <u>set in</u> yet?
- Yes, we're already in the rainy season.
- When did it start?
- It started a week ago.
- By the way, did you check today's weather forecast?
- Yes, they said it will continue to rain until tomorrow.
- It seems we'd better not go out today.
- You're right.
- I wonder when the rainy season will end.
- <u>According to</u> the long-term forecast, it will end by the middle of July.
- Are we going to have a scorching hot summer this year?
- I hope not.

* set in 「(季節が) 始まる」
* according to ～ 「～によると」

- 🙂 なんて嫌な天気でしょう。
- 🙂 ええ、3日間ずっと雨ですね。
- 🙂 もう梅雨に入ったの。
- 🙂 ええ、もう梅雨に入っていますよ。
- 🙂 いつから始まったの。
- 🙂 1週間前から。
- 🙂 ところで、今日の天気予報見た？
- 🙂 ええ、明日まで雨の予報よ。
- 🙂 今日は外出しないほうが良さそうだね。
- 🙂 そうね。
- 🙂 梅雨はいつ終わるのかな。
- 🙂 長期予報によると、7月の中旬までには終わるみたいよ。
- 🙂 今年は猛暑の夏になるのかな。
- 🙂 そうでないことを願っているわ。

USEFUL PATTERN 34　季節

What is your favorite season?

好きな季節は何ですか？

日本のような四季のハッキリした国では季節の話題は不可欠です。相手の好きな季節を尋ねる簡単な表現が **What is your favorite season?** です。例えば、「秋が好き」なら、**My favorite season is fall.** ですが、イギリス英語なら **My favorite season is autumn.** です。「どの季節が一番好きですか」なら **Which season do you like the best?** です。また、その日の天気ではなく長期間にわたる広い地域での気候の様子を尋ねる表現が **What is the climate like in 〜?** です。

Exercise

1 好きな季節は何ですか。
―秋です。紅葉を見るのが好きです。
What's your favorite season?
― My favorite season is fall. I like to see the leaves changing colors.
* see … (目的語) ～ ing「…が～しているのを見る」

2 どの季節が一番好きですか。
―冬が一番好きです。だってスキーができるから。
Which season do you like the best?
― I like winter (the best), because I can enjoy skiing.

3 どの季節が一番嫌いですか。
―夏です。汗かきなので。
Which season do you hate the most?
― I hate summer (the most). I sweat easily.

One More Step

4 カリフォルニアはどんな気候ですか。
―1年中温暖で乾燥しています。
What's the climate like in California?
― It's mild and dry all year round.
* all the year round「一年中」

5 冬に雪がたくさん降りますか。
―いいえ。私たちの国ではほとんど降りません。
Do you have much snow in winter?
― No. It hardly snows in our country.

Dialog 34 季節

- What's your favorite season?
- My favorite season is spring.
- Why do you like spring?
- Because I like planting flowers.
- What are your favorite flowers in spring?
- I like crocuses and anemones. Do you like spring?
- Not really. I have hay fever.
- How long have you been suffering from it?
- Since last year.
- That's too bad.
- Don't you have hay fever?
- No, but I'm allergic to eggs.

- 好きな季節は何ですか。
- 好きな季節は春です。
- どうして春が好きなのですか。
- 花を植えるのが好きだからです。
- 春の好きな花は何ですか。

- クロッカスとアネモネが好きです。あなたは春は好きですか。
- いいえ、あまり好きではありません。花粉症なので。
- 何年前から花粉症ですか。

- 去年からです。
- それはお気の毒に。
- あなたは花粉症ではないのですか。
- いいえ、でも卵にはアレルギーがあります。

Lesson 7

日常生活
のことをあれこれ話す

USEFUL PATTERN

35 就寝・起床

What time do you usually get up?

普段は何時に起きますか？

一日は「起きる」ことから始まり、「寝る」ことで終わるように、これらは日常会話の必須表現です。例えば、朝、疲れている顔をしている人を見たら、「夕べは何時に寝たの？ (What time did you go to bed last night?)」とか「今朝は何時に起きたの？ (What time did you get up this morning?)」と言って会話のきっかけを作ることができます。朝起きたら Good morning. 夜寝る時は Good night. の挨拶も忘れずに。

Exercise

1 普段は何時に起きますか。
―5時頃です。
What time do you usually get up?
―(I usually get up) around 5.

2 今朝は何時に起きましたか。
―10時頃です。
What time did you get up this morning?
―(I got up) around 10.

3 普段は何時に寝ますか。
―普段は9時頃に寝ます。
What time do you usually go to bed?
―(I usually go to bed) around 9.

One More Step

4 ベッドで寝ますか、それとも布団で寝ますか。
―布団で寝ます。アパートにベッドを置くスペースがないので。
Do you sleep on a bed or a futon?
―I sleep on a futon, because there's no space for a bed in my apartment.

5 夏の間、エアコンをつけたまま寝ますか。
―はい。つけないと眠れません。
Do you sleep with the air conditioner on in summer?
―Yes. I can't sleep without it.
* with ~ on「~を付けて」with the air conditioner off「エアコンを切って」

Dialog 35 就寝・起床

- **I'm sorry I'm late.**
- You should be sorry. What time do you think it is? Did you oversleep again?
- Yes.
- Didn't you set the alarm?
- Yes, I woke up at the sound of the alarm but went back to sleep.
- What time did you go to bed last night?
- Around twelve midnight.
- You should go to bed earlier.
- I'll never be late again.
- You told me the same thing last time. Do you **have a hard time getting** up in the morning?
- Yes. I have low blood pressure.
- Don't make excuses.

---

* **I'm sorry I'm late.** は遅れた時の決まり文句。「いいんですよ」と言う時は **That's all right.**
have a hard time 〜 ing「〜するのがつらい」

- 🧑 遅れて申し訳ありません。
- 👩 すまないと思ってもらわなくちゃね。何時だと思ってるの？また寝坊なの？

- 🧑 はい。
- 👩 目覚ましはかけなかったの？
- 🧑 いや、目覚ましの音で目が覚めたのですが、二度寝してしまいました。
- 👩 夕べは何時に寝たのですか。

- 🧑 夜中の 12 時頃です。
- 👩 もっと早く寝なくてはね。
- 🧑 もう二度と遅刻はしません。
- 👩 この前も同じこと言ったわよ。朝起きるのは辛いの？

- 🧑 はい、低血圧なので。
- 👩 言い訳は無用です。

USEFUL PATTERN 36 食事

What time do you usually have ～？

普段は～を何時に食べますか？

朝食、昼食、夕食を何時に食べるか食べたか、または何を食べるか食べたかということは日常生活の中でも大きな関心事の一つです。また、昼食をどこで食べるかということも話題の一つです。また、調理を教える時は、常に命令文の形で表すことも頭に入れておいてください。例えば、「なべにカップ２杯分のお米を入れてから、水を入れてお米をとぐ」なら、**Pour two cups of rice into a pot and put some water to rinse it.** となります。

Exercise

1 普段は何時に夕食を取りますか。
―9時頃です。
What time do you usually have dinner?
― About 9 o'clock.
＊「夕食を取る」は eat dinner でも良いが have の方が上品

2 朝食はいつも何を食べますか。
―普段はトースト2枚とコーヒー1杯です。
What do you usually have for breakfast?
― I usually have two slices of toast and a cup of coffee.

3 普段はどこで昼食を取りますか。
―会社で食べます。普段は弁当を持ってきます。
Where do you usually have lunch?
― I have lunch in the office. I usually bring my lunch to work.

One More Step

4 卵はどうしますか。
―炒り卵にしてください。
How would you like your eggs?
― Scrambled, please.
＊「ゆで卵」なら、Boiled, please.「目玉焼き」なら、Sunny-side up, please.

5 スパゲッティの作り方を教えてください。
―いいですよ。まずは玉ねぎをさいの目に切ってください。
Will you show me how to cook spaghetti?
― Sure, dice an onion, first of all.

Dialog 36 食事

- Mom, can you tell me how to cook tofu miso soup?
- Sure. First of all, cut the tofu into cubes and chop green onions finely.
- OK.
- Then, bring two cups of water to a boil in the pot and add dried bonito flakes and wait for the water to boil again. Are you with me?
- Yeah.
- After removing the flakes with the strainer, add miso paste and stir until it is dissolved. Add the tofu pieces and simmer an additional minute.
- Ah! I'm getting confused.
- Come on, it's so easy. Then, finally garnish with green onions.
- I see.
- Why don't you cook it tomorrow morning?
- Sure, I'll give it a try.

- お母さん、豆腐の味噌汁の作り方を教えて。

- いいわよ。まずは、豆腐をさいの目に切って、長ネギをみじん切りにするの。

- わかった。

- それから、カップ２杯分の水をなべで沸騰させて、鰹節を入れて再び沸騰するのを待つの。わかってる？

- うん。

- こし器で鰹節を取り除いてから、味噌を入れ、溶けるまでかき回すのよ。豆腐を入れ、さらに１分間煮込むの。

- ああ、だんだん混乱してきた。

- 大丈夫、簡単よ。そして、最後に長ネギを添えて出すの。

- なるほど。

- 明日の朝、作ってみたら。

- はい、やってみよう。

USEFUL PATTERN 37 習慣

What's your routine?
日課は何ですか？

毎日決まってすること、つまり「日課」は routine で、相手の朝の日課を聞く時の決まり文句が **What's your morning routine?** です。こう聞かれたら、**The first thing I do every morning is walk my dog.**（毎朝最初にすることは犬を散歩に連れて行くことです）などと応じるか、シンプルに **I get up at six.**（6時に起きる）**I fix my hair.**（髪を整える）と応じましょう。

Exercise

1 朝いつもすることは何ですか。
―犬の散歩をしてからシャワーを浴びます。
What's your morning routine?
―I take a shower after walking my dog.
* after ～ ing「～してから」

2 日曜の朝にすることは何ですか。
―朝食前に公園に散歩に行きます。
What's your Sunday morning routine?
―I take a walk in the park before breakfast.

3 仕事前にすることは何ですか。
―毎朝最初にすることはメールのチェックです。
What's your morning routine before work?
―The first thing I do every morning is check my e-mail.

▼

One More Step

4 朝型ですか夜型ですか。
―朝型です。毎朝、5時に起きます。
Are you a morning person or an evening person?
―I'm a morning person. I wake up at five every morning.

5 普段の移動手段は何ですか。
―できるだけ歩くようにしています。
How do you usually get around?
―I try to walk as much as I can.

Dialog 37 習慣

- What's your routine after work?
- I usually go straight home.
- What is the first thing you do when you get home?
- First of all, I take a bath and have dinner.
- Do you have a drink over dinner every night?
- Yes, I <u>never fail to</u> have a drink.
- What do you usually drink?
- I drink barley "shochu", a Japanese distilled spirit.
- Do you have any favorite brands?
- No, I have nothing special.
- How much do you drink every night?
- About 400 cc.

* **never fail to** 〜 「必ず〜する」

- 仕事の後にすることは何ですか。
- いつもは直帰します。
- 家に着いて最初にすることは何ですか。
- まずはお風呂に入って食事をします。

- 晩酌は毎晩しますか。
- はい、必ずします。
- 普段は何を飲みますか。
- 日本の蒸留酒の麦焼酎を飲みます。

- 好きな銘柄はありますか。
- いいえ、特にありません。
- 毎晩、どれくらい飲みますか。
- 約 400cc です。

USEFUL PATTERN 38　おしゃれ・ファッション

How often do you go to a hair salon?

美容院にはどれくらい行きますか？

美容院、エステ、ブティックはオシャレやファッションには欠かせない場所ですが、特に女性同士の会話ではこれらに関する英語表現は必須です。友人や知人が髪型を変えたのに気づいたら、**Did you change your hair style?**（髪型を変えましたか）や、**It looks good on you.**（似合いますね）などと言うのがエチケットです。こんな何気ない言葉から相手との距離を近づけることができます。

Exercise

1 エステにはどれくらい行きますか。
—1ヶ月に1回です。
How often do you go to an aesthetic salon?
— **Once a month.**

2 散髪はどれくらいの割合で行きますか。
—2ヶ月に1回くらいの割合で行きます。
How often do you get your hair cut?
— **Every other month.**
* get a haircut でもOK

3 パーマはどれくらいの頻度でかけていますか。
—3ヶ月に1回です。
How often do you have your hair permed?
— **Once in three months.**

▼

One More Step

4 髪は染めていますか。
—いいえ。一度もありません。
Do you have your hair dyed?
— **No. I have never had it dyed.**

5 髪の毛を切りましたか。似合いますね。
—本当にそう思う？ ありがとう。
Did you get a haircut? It looks good on you.
— **Do you really think so? Thank you.**
* It look good on ～ 「～に似合う」

Dialog 38 おしゃれ・ファッション

- Do you wear makeup every day?
- Yes. I can't go out without makeup.
- How long does it take you to put on your make up?
- About half an hour.
- What kind of cosmetics do you use?
- (I use) Marie Claire.
- Do you wear perfume?
- Yes, but only when I go out.
- Do you have any favorite brands?
- Yes. I like Chanel 5.
- Where do you usually get Chanel 5?
- I usually get it at a duty free shop when I go abroad.

- 毎日化粧をしますか。
- はい。化粧をせずに外出することはできません。
- 化粧にはどれくらい時間をかけますか。

- 約30分です。
- どんな種類の化粧品を使っていますか。
- マリ・クレールです。
- 香水はつけますか。
- はい、でも外出するときだけつけます。
- お気に入りのブランドはありますか。
- はい。シャネルの5番です。
- シャネルの5番は普段どこで買いますか。
- 普段は外国に行った時に免税店で買います。

USEFUL PATTERN 39 値段・料金

How much is 〜 in Japan?
日本では〜はいくらですか？

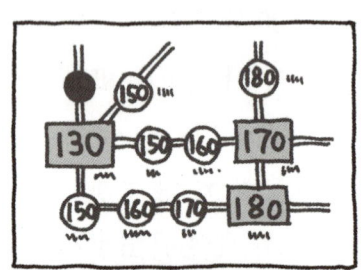

物の値段や料金を尋ねる時の最も簡単で一般的な表現が **How much is 〜?** ですが、例えば、「タクシーの料金はいくらですか」なら **What is the taxi fare?** です。**What is** の後に続くものとしては、「駐車代」なら **the parking fee**、「郵便料金」なら **the postal rate**、「維持費」なら **running cost**、「アパートなどの家賃」なら **the rent** などの語が使われます。

Exercise

1 ガソリンの値段はいくらですか。
―リットル140円くらいです。アメリカよりずっと高いです。
How much is gasoline?
— It costs 140 yen a liter. It is much more expensive than in America.
* a liter「1リットルにつき」

2 東京のタクシーの初乗り料金はいくらですか。
―710円です。
What is the base fare for taxis in Tokyo?
— Seven hundred and ten yen.

3 駐車代金はいくらですか。
―1ヶ月2万円です。
What's the parking fee?
— Twenty thousand yen a month.

One More Step

4 日本では封書の郵便料金はいくらですか。
―80円です。
What's the postal rate to mail a letter in Japan?
— It's 80 yen.

5 1ヶ月の平均的な光熱費はいくらくらいですか。
―だいたい1万円です。
What's the average cost for electricity for a month?
— About ten thousand yen a month.

Dialog 39 値段・料金

- What newspaper do you <u>subscribe to</u>?
- (I subscribe to) the Asahi Newspaper.
- What's the <u>subscription rate</u> per month?
- It's about 4,000 yen, including evening newspapers.
- Which section of the newspaper do you read first?
- (I read) the comics section first.
- Don't you read the front page?
- It depends on the topics.
- What kind of topics are you interested in?
- I'm interested in <u>environmental problems</u>.
- Do you read any English papers?
- Yes, I sometimes read some in the office.

---

* subscribe to ～ 「～を購読する」
* subscription rate 「購読料」
* environmental problem 「環境問題」

- どんな新聞を取っていますか。
- 朝日新聞を取っています。
- 1ヶ月の購読料はいくらですか。
- 夕刊を含めて約4,000円です。
- どの部分から読みますか。
- 漫画から読みます。
- 1面は読まないのですか。
- トピックによります。
- どんなトピックに興味がありますか。
- 環境問題です。
- 英字新聞は読みますか。
- はい、ときどき会社で読みます。

USEFUL PATTERN 40 道案内

Excuse me, but where's 〜?
すみませんが、〜はどこですか？

見ず知らずの人に情報を求めたり、話しかけたりする時、まずは、Excuse me, (but) 〜（すみませんが）と言ってから尋ねるのがエチケットです。たとえば、「最寄りの駅はどこですか」と聞く場合、Excuse me と言ってから Where is the nearest station? とか How can I get to the nearest station? と聞いてください。教えてもらった後には、Thank you very much. と必ずお礼を言いましょう。また、こちらの要求に応えてもらえなかった場合でも、Thank you just the same. と別れるのがエチケットです。

Exercise

1 すみませんが、郵便局に行く道を教えていただけますか。
―はい。この道をまっすぐ500メートル行ってください。左手にあります。

Excuse me, but can you tell me the way to the post office?
— Sure. Go straight along this street for 500 meters and you'll find it on your left.

2 すみませんが、この地図のどこにいるか教えていただけますか。
―ええと、ここです。

Excuse me, but could you show me where I am on this map?
— Let me see, you're here at this point.

3 すみませんが、国会議事堂に行くにはこの道でいいですか。
―ええ。ここから歩いて5分くらいだと思います。

Excuse me, but is this the right way to the Diet building?
— Yes, I think it's about a 5 minute walk from here.

▼

One More Step

4 すみません。この電車はブライトン行きですか。
―いいえ。ブライトン行きは5番線です。

Excuse me. Is this train for Brighton?
— No. The train for Brighton leaves from platform 5.

Dialog 40 道案内

- Excuse me?
- Yes.
- I think I'm lost. Could you tell me the way to the post office, please?
- Sure. It's on Meiji Street. Go straight. <u>Take the second left</u>. Go over the bridge and take the first right. The post office is on your left.
- Is it far from here?
- No, it's not very far. You can get there by walking.
- How long does it take?
- About ten minutes.
- Are there any landmarks near the post office?
- Yes, there's a big church near there.
- Thank you very much.
- You're welcome.

* take the second left「２番目の角を左に曲がる」＝ **turn to the left at the second corner**

- すみません。
- はい。
- 道に迷ってしまったようです。郵便局に行く道を教えていただけますか。
- ええ。明治通りにあります。まっすぐに行って2番目の角を左に曲がってください。橋を渡って最初の角を右に曲がってください。郵便局は左手にあります。
- ここから遠いですか。
- いいえ、あまり遠くありません。歩いて行けますよ。
- どれくらいかかりますか。
- 約10分です。
- そこの近くに目印になるものがありますか。
- はい、大きな教会がその近くにあります。
- ありがとうございました。
- どういたしまして。

Lesson 8

予定や都合
のことをあれこれ話す

USEFUL PATTERN 41　提案・勧誘

Would you like to ～ ?
～しませんか？

改まった場面で相手に提案したり、勧誘する時の最も一般的な表現が **Would you like to ～ ?** です。文字通りの意味は「あなたは～したいですか」ですが、「～しませんか」の意味で使います。友達同士の会話ならば、**Do you want to ～ ?** です。誘われて承諾する時は、**That sounds great.**（それはいいですね）や **That sounds like fun.**（おもしろそうですね）と言った後に、**I'd like to.** や **I'd love to.** などと応じてください。断る時は直接的に **No** と言うのではなく、**I'm sorry I can't.** とか **I'm afraid I can't.** などと応じます。

Exercise

1 今夜クラシックコンサートのチケットが2枚あるのですが、一緒に行きませんか。

―行きたいのは山々ですが、今夜は残業です。

I have two tickets to a classical music concert tonight. Would you like to come with me?
― I wish I could, but I have to work overtime tonight.

＊I wish I could, but ～は断る時の丁寧な表現

2 今晩焼き肉パーティーをするけど、来ませんか。
―いいですね、行きたいです。

We're having a barbecue party this evening? Would you like to come?
― Sounds great. I'd like to.

3 今週末の予定はありますか。
―うーん、ドライブに行こうと思っていたんだけど、一緒に行く？

Do you have any plans for this weekend?
― Well, I was thinking of going for a drive. Do you want to come with me?

＊Do you have any plans for ～?「～の予定はありますか」は相手の都合を聞く時の決まり文句

One More Step

4 やあ、ジャック、野球の試合のチケットが2枚取れたよ。今週の土曜日は暇？

―残念だけど行けない。仕事なの。

Hi, Jack. I got two tickets to a baseball game. Are you free this Saturday?
― I'm sorry I can't. I have to go to work.

Dialog 41 提案・勧誘

- Hello, Bill. How are you doing?
- Fine, thanks, and you?
- I'm fine, too, thank you. Are you free this evening?
- Yes, but why?
- Do you want to go out for a drink after work?
- Ah! I'd like to, but I can't drink tonight.
- What's the matter?
- I've got <u>a complete medical check up</u> tomorrow.
- <u>What a shame!</u> <u>What about</u> Monday night?
- Sure.
- I'll call you on Monday again.
- All right.

---

* a complete medical check up「人間ドック」
* What a shame!「それは残念」= That's too bad. や What a pity!
* What about 〜?「〜はどうですか」= How about 〜?

🧑‍🦰 もしもし、ビル。元気?
👨 お陰で元気だよ、君は?
🧑‍🦰 私も元気。今晩、暇?

👨 はい、でも何で?
🧑‍🦰 アフターファイブに飲みに行かない?

👨 あー、行きたいけど今晩はお酒が飲めないんだ。
🧑‍🦰 どうしたの?
👨 明日人間ドックがあるんだ。

🧑‍🦰 それは残念。月曜日の夜は?

👨 もちろん。
🧑‍🦰 月曜日にまた電話するね。
👨 わかった。

USEFUL PATTERN 42　時間・日時

When are you ～ ing?
いつ～する予定ですか？

予定の時間や日時を尋ねる表現には色々ありますが、一番簡単なのが When are you ～ ing? です。答える時は、例えば「日本を来週発つ予定」なら、I'm leaving Japan next week. とします。現在進行形 (be 動詞＋～ ing) と未来を表す副詞が一緒になると、近い未来を表します。これは I'm going to leave Japan next week. 言っても OK です。また、電車や飛行機などの時刻表や年中行事のように、既に決まっていることは未来の意味でも常に現在形で表すことになります。

Exercise

1 アパートはいつ出ますか。
—明後日です。
When are you leaving your apartment?
—(I'm leaving my apartment) the day after tomorrow.

2 家はいつ買うつもりですか。
—あと2年後です。
When are you going to buy a house?
—(I'm going to buy a house) in two years.

3 次に彼女と会うのはいつですか。
—わからないけど、たぶん来週末かな。
When are you meeting your girlfriend next time?
—I'm not sure, but maybe next weekend.

One More Step

4 北海道へはいつ向かうのですか。
—飛行機は明日の朝9時に離陸します。
What time are you leaving for Hokkaido?
—Our plane takes off at 9 a.m. tomorrow.
* leave for ~「~に向かう」 leave ~「~を発つ」

5 オーストラリアの新学期はいつから始まりますか。
—1月の終わりから2月の始めにかけてです。
When does the school year start in Australia?
—(It starts) between the end of January and the beginning of February.
* between A and B「AとBの間に、AからBまで」

Dialog 42 時間・日時

- May I see your passport, please?
- Yes, here you are.
- What is the purpose of your visit?
- Just sightseeing.
- How long are you going to stay here?
- (I'm going to stay here) for a week.
- Where are you going to stay?
- (I'm going to stay) at the Hilton Hotel.
- Do you have your return ticket?
- Yes, here it is.
- Have a nice trip!
- Thank you.

- 🧑 パスポートを拝見します。
- 🧑 はい、どうぞ。
- 🧑 訪問の目的は何ですか。
- 🧑 ただの観光です。
- 🧑 ここにはどれくらい滞在の予定ですか。
- 🧑 1週間です。
- 🧑 どこに泊まる予定ですか。
- 🧑 ヒルトンホテルです。
- 🧑 帰りの航空券はありますか。
- 🧑 はい、ここにあります。
- 🧑 楽しい旅行を。
- 🧑 ありがとうございます。

USEFUL PATTERN 43 予定

What are you doing ~（未来の副詞）?
~は何をしますか？

> **What are you doing?** は「あなたは今何をしていますか」という意味です。この文の最後に **this evening** という未来を表す副詞を入れると、「今晩何をしますか」という未来の予定を尋ねる疑問文になります。**What are you going to do this evening?** もほぼ同じ意味です。また、**Do you have any plans for this evening?**（今晩は何か予定はありますか）という聞き方もあります。

Exercise

1 今晩はどうしますか。
―日本とオランダ戦を観るので直帰します。
What are you doing this evening?
— I'm going straight home to watch the match between Japan and Holland.
* go straight home「直帰する」

2 この3連休中は何をしますか。
―家で読書をします。
What are you doing during this three-day weekend?
— I'm reading books at home.

3 今年の夏は何をするつもりですか。
―毎日、近所の図書館で勉強をします。
What are you going to do this summer?
— I'm going to study in the library nearby every day.

One More Step

4 今年の夏休みの予定はどうですか。
―スペインの友人を訪れるつもりです。
What are your plans for this summer vacation?
— I'm going to visit my friend in Spain.

5 元日はどう過ごしますか。
―妻と明治神宮に行きます。
How are you spending New Year's Day?
— I'm paying a visit to Meiji Shrine with my wife.
* pay a visit to ~「~を訪れる」= visit ~

Dialog 43 予定

- What day is it today?
- It's Thursday.
- Do you have any plans for tomorrow night?
- Friday night? I'm not doing anything special. Why?
- How about having dinner with me?
- Why not? Where are we going?
- How about the Italian restaurant near Kasukabe Station?
- Sounds great.
- Then I'll see you at the ticket gate of the station. What time is convenient for you?
- Any time after 5 would be all right with me.
- How about 5:30?
- OK.

- 今日は何曜日でしたっけ？
- 木曜日ですよ。
- 明日の夜は何か予定はありますか。

- 金曜の晩ですか。特に予定はありませんが、どうしてですか。
- 一緒に食事をしませんか。
- もちろん。どこに行きますか。
- 春日部駅の近くのイタリアンはどうですか。

- いいですね。
- じゃあ、春日部駅の改札口で会いましょう。何時が都合がいいですか。

- 5時以降なら何時でもいいですよ。

- 5時30分はどうですか。
- 了解です。

8 予定や都合のことをあれこれ話す

USEFUL PATTERN 44 結婚

When are you getting married?
いつ結婚の予定ですか？

すでに結婚が決まっている人には色々な質問をしてみましょう。結婚式や披露宴の時期、結婚の形態、新婚旅行の場所、また、結婚相手がどんな人か、いつどこで知り合ったかなども気になるところだと思います。例文の When are you getting married? は結婚式の日取りを聞いているのに対して、When are you going to get married? は「いつ結婚するつもりですか」という相手の意思を尋ねているという違いがあります。きちんと使い分けましょう。

Exercise

1 いつ結婚の予定ですか。
―今年の7月です。
When are you getting married?
― (I'm getting married) this July.

2 新婚旅行はどこに行きますか。
―ローマへ行きます。
Where are you going on your honeymoon?
― We're going to Rome.

3 神前結婚ですか教会結婚ですか。
―教会結婚です。
Are you having a Shinto wedding or a church wedding?
― We're having a church wedding.

One More Step

4 子供は何人欲しいですか。
―できるだけたくさんほしいです。
How many kids do you want to have?
― As many kids as we can.

5 フィアンセはどんな人ですか。
―背が高くてイケメンの銀行マンです。
What is your fiancé like?
― He's a good-looking, tall bank clerk.
* fiancée「フィアンセ（女性）」

Dialog 44 結婚

- Is it true that you're getting married this year?
- Yes.
- When and where are you having your wedding ceremony?
- At a hotel in Tokyo this September.
- How many people are you going to invite to your wedding reception?
- About 200 guests.
- Wow, what a big party! How much are you going to spend on your wedding?
- Five million yen.
- Where are you going on your honeymoon?
- We're going to Greece for a week.
- Are you going to keep working after getting married?
- Yes. I'm going to keep working until we have a child.

🧑 今年結婚するっていうのは本当ですか？

👩 はい。
🧑 結婚式はいつどこでしますか。

👩 今年の9月に東京のホテルでします。
🧑 披露宴には何人くらい招待しますか。

👩 約200人です。
🧑 わぁ、ずいぶん大勢ですね。結婚式の予算はいくらくらいですか。
👩 500万円です。
🧑 新婚旅行はどこに行きますか。

👩 1週間、ギリシャに行きます。
🧑 結婚後は仕事を続けるつもりですか。

👩 はい。子どもができるまで続けるつもりです。

USEFUL PATTERN 45

出産、赤ちゃん

When are you expecting a baby?

出産予定はいつですか？

出産予定を尋ねる時の最も一般的な表現が **When are expecting a baby?** です。例えば、来月出産ならば、**I'm expecting next month.** と応じます。その他に、直接的な表現の **How long have you been pregnant?**（妊娠何ヶ月ですか）がありますが、答えは「妊娠6ヶ月」であれば、**I'm six months pregnant.** と応じます。また、**When is your baby due?** という表現もあります。

Exercise

1 奥さんの出産予定はいつですか。
— 来月です。
When is your wife expecting a baby?
— **She's expecting next month.**

2 妊娠何ヶ月ですか。
— 妊娠4ヶ月です。
How long have you been pregnant?
— **I'm four months pregnant.**

3 出産予定はいつですか。
— 10月21日です。
When is your baby due?
— **My baby is due on October 21st.**

One More Step

4 妊娠しているのですか。
— はい。10月に出産予定です。
Are you pregnant?
— **Yes. I'm having a baby in October.**

5 赤ちゃんはいつ作りますか。
— できるだけ早くほしいです。
When are you going to have a baby?
— **As soon as possible.**

Dialog 45 出産、赤ちゃん

- Are you pregnant by any chance?
- Yes, I am.
- When is your baby due?
- My baby is due in December.
- Do you have <u>morning sickness</u>?
- Fortunately no.
- Do you know if your baby is a girl or a boy?
- No, not yet.
- Who's going to name your baby?
- I am.
- Do you <u>have anything in mind</u>?
- Yes, I'm going to name the baby Ichiro or Keiko.

* morning sickness「つわり」 cf. labor pain「陣痛」
* have ～ in mind「～を考える」

- もしかしたら妊娠していますか。
- はい。
- 予定日はいつですか。
- 12月の予定です。
- つわりはありますか。
- 運良くありません。
- 赤ちゃんが男の子か女の子か知っていますか。
- いいえ、まだわかりません。
- 名前は誰がつけますか。
- 私です。
- 何か考えていますか。
- はい、男の子ならイチロー、女の子ならケイコです。

Lesson 9

健康や体調
のことをあれこれ話す

USEFUL PATTERN 46 あいさつ

Nice to meet you.
はじめまして

初対面の時の改まった場面での挨拶は **How do you do?** ですが、これはよほど形式張った場面でしか使うことはありません。普段は、**(It's) nice to meet you.** でかまいません。言われた方は **Nice to meet you, too.** と返します。また、頻繁に会っている人との挨拶で一般的なのが **How are you?** です。これは形を変えて、**How are you doing?/ How's everything?/ How is it going?** など様々な形があります。しばらくぶりに会った時には、**How have you been?** もよく使います。

Exercise

1 はじめまして。
―こちらこそ。お噂は聞いております。
Nice to meet you.
― Nice to meet you, too. I've heard a lot about you.
* I've heard a lot about you. に対しては、I hope you've heard good things about me. 「良いことを聞いていることを願っています」などと応じます

2 やあ、ビル、調子はどう?
―とってもいいよ。君は?
Hi, Bill. How are you doing?
― Fine, thanks. And you?

3 おはようございます、アダムス先生。お元気ですか。
―やあ、キョウコ。元気ですよ。あなたは?
Good morning, Mr. Adams. How are you, sir?
― Hello, Kyoko. I'm fine. How about you?

One More Step

4 久しぶりですね。
―うん。久しぶりだね。どうしてた?
Long time no see!
― Yeah. It's been a long time. How have you been?

5 やあ、ケン。何か変わったことは?
―特にないな。そっちはどう、ケイト。
Hi, Ken. What's new?
― Nothing much. What's up, Kate?

Dialog 46 あいさつ

- Hi, Bill! I'm glad you could come.
- Good to see you, Lucy. It's been a while.
- Yes, it has. How have you been?
- Fine, thank you. How about you?
- Pretty well. Oh, Bill, I'd like you to meet a friend of mine, Kate.
- Nice to meet you, Kate.
- Nice to meet you, too.
- Bill is an artist.
- Oh, really?
- Yes, I'm a pianist. What do you do, Kate?
- I work for a travel agency.

* **I'd like you to** 〜 「あなたに〜して欲しい」

🧑‍🦰 やあ、ビル。来てくれてうれしいわ。

👱 会えてうれしいよ、ルーシー。久しぶりだね。

🧑‍🦰 そうね。元気だった？

👱 うん、ありがとう。君はどうだった？

🧑‍🦰 とても元気よ。そう、ビル、あなたに会ってほしい友だちがいるの。ケイトよ。

👱 はじめまして、ケイト。

👩 こちらこそ。

🧑‍🦰 ビルはアーティストなの。

👩 まあ、本当？

👱 ええ、ピアニストをしてます。ケイト、君の仕事は？

👩 旅行代理店に勤めています。

USEFUL PATTERN 47　気づかい

What's wrong?
どうしたのですか？

相手の様子や健康状態を気遣う最も一般的な表現が **What's wrong (with you)?** です。同じ意味の表現に **What's the matter?** もありますが、**What's the matter with you?** と言ってしまうと、かなり伝える内容が異なります。この **with you** を入れた表現は、特に **you** の部分を強く発音すると、相手の様子や健康状態を気遣うどころか、「一体どうしたの、ちょっとおかしいんじゃないの」という意味を伝えてしまうので注意してください。

Exercise

1 ジェーン、悲しそうだね。どうしたの?
―先週、家で飼っている猫が死んじゃったの。
Jane, you look sad. What's wrong?
― My cat died last week.
* I'm sorry to hear that. 「それはお気の毒に」などと応じます

2 ちょっとがっかりしているみたいだね。どうしたの?
―運転免許の試験にまた落ちたの。
You look a little down. What's the matter?
― I failed the driving license exam again.
* That's too bad. Don't let it get you down. 「それは残念だね。がっかりしないで」などと応じます

3 どうしたのですか。
―風邪を引いたみたいです。
What's wrong with you?
― It seems like I caught a cold.
* I think you'd better leave early. 「早く帰った方がいいと思いますよ」などと応じます

One More Step

4 今日の具合はどうですか。
―まだ、熱っぽいです。
How are you feeling today?
― I still feel feverish.
* Take care! 「お大事に」などと応じます

5 夕べは良く眠れましたか。
―いいえ。一睡もできませんでした。
Did you sleep well last night?
― No. I didn't sleep a bit.
* How come? 「どうして?」などと応じます

9 健康や体調のことをあれこれ話す

Dialog 47 気づかい

- Have you caught a cold recently?
- No. I haven't had a cold for the past ten years.
- What is the key to good health?
- I always try to keep early hours.
- By the way, have you lost weight recently?
- Do you really think so? It looks like my diet has been working.
- What kind of diet have you been on?
- I've been on an apple diet.
- How long have been on the diet?
- Nearly two weeks.
- Please tell me more in detail.
- I'll lend you a magazine featuring the apple diet.

---

* keep early hours「早寝早起きをする」
* lose weight「体重が減る」、gain weight「体重が増える」
* It looks like SV「S が V のようである」
* in detail「詳細に」

- 最近風邪を引いたことはありますか。
- いいえ。ここ10年引いたことがありません。

- 健康に何か秘訣はありますか。
- いつも早寝早起きに心がけることです。
- ところで、最近、痩せましたか？

- 本当にそう思う？ダイエットがうまく行っているみたい。
- どんなダイエットをしているのですか。
- リンゴダイエットです。
- ダイエットしてからどれくらい経ちますか。
- 2週間近くになります。
- もっと詳しく教えてください。
- リンゴダイエットの特集雑誌を貸してあげます。

USEFUL PATTERN

48 病気・怪我

Have you ever been hospitalized?

今まで入院したことがありますか？

病気や怪我はできればしたくないことですが、日常話題になることが多いトピックの一つです。「既往歴」や「入院歴」など経験を尋ねる表現の基本形は **Have you ever ～（過去分詞）?** です。病院で医師の診察の際に聞かれる決まり文句 **What seems to be the problem?**（どこが悪いようですか）ですが、これに対しては、**I have a fever.**（熱があります）とか **I have a pain in my ～.**（～が痛いです）などと答えられるようにしましょう。

Exercise

1 今までに入院したことがありますか。
　—はい。3年前に肺炎で入院しました。
Have you ever been hospitalized?
— Yes. I was hospitalized for pneumonia three years ago.
＊pneumonia（ニューモウニア）の読み方に注意

2 今までに大きな病気をしたことがありますか。
　—はい。5年前に胃ガンを患っていました。
Have you ever suffered from a serious illness?
— Yes. I suffered from stomach cancer five years ago.
＊suffer from ～「～を患う、～に苦しむ」

3 今までに手術をしたことがありますか。
　—はい。先月、腎臓結石の手術をしました。
Have you ever been operated on?
— Yes. I had kidney stone surgery last month.

One More Step

4 足はどうしたのですか。
　—はい。野球をしている時にアキレス腱を切断しました。
What's wrong with your leg?
— I cut my Achilles' tendon while playing baseball.
＊What's wrong with ～?「～はどうしたのですか」

5 いつから症状がありますか。
　—おとといからです。
How long have you had your symptoms?
— Since the day before yesterday.

Dialog 48 病気・怪我

- Can I help you, sir?
- I need some cold medicine.
- What kind of cold do you have?
- I have a terrible headache.
- Do you have a fever?
- No.
- Do you have a sore throat?
- No.
- Do you cough or sneeze?
- No.
- Can I ask what you did last night?
- Yes, I went out for a drink with my friends and drank until dawn.
- Then, I advise you to take these aspirin for a terrible hangover.

- いらっしゃいませ。
- 風邪薬がほしいのですか。
- どんな種類の風邪ですか。
- ひどい頭痛がします。
- 熱はありますか。
- いいえ。
- 喉は痛いですか。
- いいえ。
- 咳やくしゃみは出ますか。
- いいえ。
- 夕べ何をしたかお聞きしてもよろしいですか。
- はい、友だちと飲みに行って明け方まで飲んでいました。
- では、ひどい二日酔いにこのアスピリンを飲むことをお勧めします。

監修者紹介

ウィリアム・J・カリー

米国フィラデルフィア生まれ。1953年イエズス会士となる。ミシガン大学で比較文学博士号を取得。1960年に来日し、神奈川県の栄光学園講師、上智大学文学部英文学科準教授、同外国学部比較文化学科教授を経て、上智大学学長を2期、6年務める。

著者紹介

清水 建二

東京都浅草生まれ。上智大学文学部英文学科を卒業後、大手予備校講師、ガイド通訳士、進学の名門・埼玉県立浦和高等学校などを経て、現在は埼玉県立川口高等学校教諭。基礎から上級まで、わかりやすくユニークな教え方には定評がある。著書は、『世界一速く英語脳に変わる本』(小社)、シリーズ累計21万部突破の『英会話「1秒」レッスン』(成美文庫)、シリーズ累計8万部突破の『語源とイラストで一気に覚える英単語』(明日香出版)、ベストセラー『連想式にみるみる身につく語源で英単語』(学習研究社)など、40冊以上。『似ている英単語使い分けBOOK』(ベレ出版)は台湾、香港、韓国で翻訳出版され、語学書のロングセラーとなっている。趣味は海外旅行・食べ歩き・ジョギング・一青窈。

- ●CD制作：
  株式会社東京録音
- ●CD制作協力：
  キャプラン株式会社JALアカデミー本部
- ●CDナレーション：
  Jill Gerden
  Ren Wong

視覚障害その他の理由で活字のままでこの本を利用出来ない人のために、営利を目的とする場合を除き「録音図書」「点字図書」「拡大図書」等の製作をすることを認めます。その際は著作権者、または、出版社までご連絡ください。

48パターンだけですぐに話せる!

英語ペラペラブック

2011年 7月 6日　　初版発行

監　修	ウィリアム・J・カリー
著　者	清水 建二
発行者	野村 直克
発行所	総合法令出版株式会社

〒 107-0052
東京都港区赤坂 1-9-15
日本自転車会館 2 館 7 階
電話　03-3584-9821（代）
振替　00140-0-69059

印刷・製本　中央精版印刷株式会社

©Kenji Shimizu 2011 Printed in Japan
ISBN978-4-86280-261-3
落丁・乱丁本はお取替えいたします。
総合法令出版ホームページ　http://www.horei.com/

本書の表紙、写真、イラスト、本文はすべて著作権法で保護されています。
著作法で定められた例外を除き、これらを許諾なしに複写、コピー、印刷物やインターネットのWebサイト、メール等に転載することは違法となります。

総合法令出版好評既刊

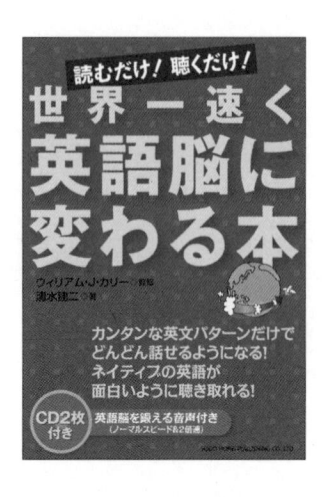

読むだけ！聴くだけ！
世界一速く英語脳に変わる本

ウィリアム・J・カリー［監修］　清水建二［著］

四六判　並製　　　　定価（1800円+税）

英語を習得するには難しい長文に取り組んでも逆効果。中学校レベルの簡単な英文パターンをたくさん読んで聴けば、英語がどんどん話せるようになり、ネイティブの言っていることが面白いように聴き取れるようになる！話すための英語脳をつくる「秒速パターン練習」と聴くための英語脳をつくる「倍速リスニング（CD2枚つき）」を併用することで、誰もが憧れる英語脳の基礎をつくることができる1冊。英語脳ができれば、まるで連想ゲームのように英語が口から出てくる。